「漫说珠海」文旅丛书

丘树宏 主编

漫说
珠海 人

钟建平
韩春艳
著

广东旅游出版社
悦读书·悦旅行·悦享人生

中国·广州

图书在版编目（CIP）数据

漫说珠海. 人 / 钟建平，韩春艳著. -- 广州：广东旅游出版社，2024. 12. --（"漫说珠海"文旅丛书 / 丘树宏主编）. -- ISBN 978-7-5570-3473-3

Ⅰ. K926.53

中国国家版本馆CIP数据核字第20243DY236号

出 版 人：刘志松
策划编辑：彭　超
责任编辑：彭　超　杨　恬
封面设计：谭敏仪
内文设计：齐　力
责任校对：李瑞苑
责任技编：冼志良

漫说珠海：人
MAN SHUO ZHU HAI：REN

广东旅游出版社出版发行

（广东省广州市荔湾区沙面北街71号首层、二层）
邮编：510130
电话：020-87347732（总编室）　020-87348887（销售热线）
投稿邮箱：2026542779@qq.com
印刷：广州市岭美文化科技有限公司
　　　（广州市荔湾区花地大道南海南工商贸易区A幢）
开本：787毫米×1092毫米　16开
字数：200千字
印张：14.25
版次：2024年12月第1版
印次：2024年12月第1次
定价：68.00元

[版权所有　侵权必究]

本书如有错页倒装等质量问题，请直接与印刷厂联系换书。
本书地图根据广东省旅游交通图[粤S（2012）017号]、珠海市旅游交通图[粤S（2006）033号]、珠海市地图[粤S（2021）211号]修编，不作为任何权属争议依据。

"漫说珠海"文旅丛书总序

丘树宏

（1）

认识一个城市，最简捷的一个方法是从这个城市的形象广告语入手。

让我们以珠海为例。

对于珠海，自从1979年建市、1980年兴办经济特区以来，人们印象比较深刻的城市形象广告语是这些：

> 珠海：现代化海滨花园城市。
> 浪漫之城，情调之都。
> 海上云天，天下珠海。
> 青春之城，活力之都。
> ……

而我，也曾经拟过这么几句——

> 珠海：一百多年前中国从大陆经济、大陆文化走向海洋经济、海洋文化的缩影，改革开放后中国从封闭经济、封闭文化走向开放经济、开放文化的窗口。

岭南之珠，浪漫之海。

海的珍珠，珍珠的海。

诚然，仅仅通过几句广告词去了解珠海，是远远不够的。如果能读到一些介绍珠海的文章，就可以获得比较详细的了解。

2022年8月24日，我在《羊城晚报》"珠海文脉"栏目刊发了长篇散文《海的珍珠，珍珠的海》，用三个字对珠海进行了概括性的介绍，摘录如下：

如果要用最简单的几个字来概括介绍珠海，我觉得三个字就可以了，那就是：海、香、珠。

这就是我个人的珠海"三元"说。

何谓珠海"三元"说？且听我细细道来。

第一元：海。这是珠海的底色——

任何一座城市，都是有她的色彩的。珠海的色调就是蓝色，因为珠海的前生后世，一直都与大海融为一体、从未分割，蓝色自然是她的底色。

第二元：香。这是珠海的味道——

珠海，是带着馥郁的香气出生的，此后，她的一生都洋溢出氤氲的香气。

战国时期，珠海为百越之地。秦始皇统一六国后，于秦始皇三十三年（公元前214年）在岭南设南海郡，珠海属南海郡辖地，后来曾属宝安县。

唐至德二年（757年），宝安县更名东莞县，珠海属东莞县辖地，并开始设置香山镇（今珠海市山场）。香山镇，是由于境内诸山之祖五桂山奇花异草繁茂，神仙茶丛生，色香俱绝而得名。

香，就是从这个时候开始成为珠海的代名词。

第三元：珠。这是珠海的特质——

珠海，第三元素是珠。珠海的"珠"，有两个内涵。一个是有形的，二百六十二个海岛是大大小小串起来的珍珠，整个珠海也像是一颗晶莹剔透的硕大珍珠。这是自然界的珍珠。二是无形的，珠海的特质，就像珍珠一样纯洁无邪、晶莹可爱。这是精神层面的珍珠。

（2）

然而，仅仅阅读几篇文章，对一座城市的了解也还是十分有限的，最好的办法，是亲自走进这座城市，亲自观察她、感受她。

当然，在这个时候，如果能有一套书写珠海、介绍珠海的图书供你阅读，那就最好不过了。

好的！我们这就为你送上一套"漫说珠海"文旅丛书。

"漫说珠海"文旅丛书分为《山》《水》《人》《城》《食》五本。

可以说，读了这五本书，你一定会对珠海有一个总体印象和了解的。

珠海的山——

对于山，人们并不陌生。然而珠海的山，却有着其独特之处。

珠海的山，与古地中海有关，与云贵高原有关，与珠江有关，与南海、太平洋有关。

珠海的山是岛，珠海的岛也是山。"珠海的山是昨天的岛，珠海的岛是明天的山。"

珠海的山不高，高山人为峰，有人山则名。

珠海的地域面积不大，却有着两百多个山和岛屿，是珠三角海岛最多的城市。

珠海的山连着海，连着海上丝路。

珠海的海连着山，连着陆上丝路。

珠海的山，总是让人充满想象力。

珠海的水——

珠海市领海线以内海域面积9348平方千米，是珠三角城市中海洋面积最大的城市。

珠海有江水，有淡水，珠江八个出海口，有四个从珠海流向大海。

珠海有海水，有咸水，有伶仃洋，有南海。

珠海，有的是咸淡水。

讲珠海的水，不得不讲高栏港，不得不讲宝镜湾摩崖石刻。

讲珠海的水，不得不讲万山要塞，不得不讲国际大西水道。

说到珠海的水，人们一定会想起七百多年前的崖山海战，一定会想起七十多年前的万山海战。

珠海的水，"——展现了相互联系的社会历史进程。它从自然之水而来，流经社会之水、经济之水、文化之水、未来之水"。

珠海的水，更是让人充满无限遐想。

珠海的人——

珠海的人，其实就是一般的广东人、岭南人、中国人。

然而，因为山海相连的缘故，因为咸淡水地理、咸淡水文化的缘故，使得珠海的人又与一般的广东人、岭南人不同。

务实而不保守，开放而不张扬，创新而不浮躁。

珠海人最早出洋看世界，最早从海外回望中国，让珠海包括曾经叫作香山的这个地区成为中国近代文化的一座高山，成为中国近代史的摇篮，摇出了影响中国和世界的伟人，摇出了一个伟大的名人队伍，摇出了推进中国近代史进程的伟大思想。

"中国近代史是珠海人历史的最重要的时段，同时珠海人对于中国近代史有着不可取代的非凡意义和广泛领域的影响力。"

珠海的人，让了解他们的人们充满崇敬。

珠海的城——

二十世纪八十年代初，香港某电台曾经说过一个谜语：只有一条街道、一个红绿灯、一个交通警察、一间百货商店的内地新兴城市是哪里？谜底是珠海。

这个谜语虽然有夸张和调侃的味道，有些人也不是很赞同，但我认为从城市建设这个角度看，还是很形象和确切的。

然而，四十多年后的今天，珠海却已经建设成一个国内外闻名遐迩的现代海滨花园城市。

珠海渔女，情侣路，日月贝，横琴岛，港珠澳大桥……小小的珠海，竟然有那么多、那么美、那么著名的城市标志。

"这座年轻的海滨城市，她那么明亮，每一天都比昨天更美，所有在此居住、到此流连的人，都因她而更加热爱生活、期待未来。"

实际上，在香港那个谜语出现之前，珠海就已经拥有了宝镜湾摩崖石刻、甄贤学校、梅溪牌坊、唐家共乐园等古老而宝贵的自然人文地标。

珠海的城市，是让人充满向往的城市。

珠海的食——

从"海底牛奶"叠石蚝油到横琴蚝，从海岛海鲜到白蕉鲈鱼，珠海在不断演化着咸淡水地理的美食文化。

那么多的人寻味白藤湖的"无情藕"，心底里却流露出丰富多彩的情缘。

那么多的人寻味伶仃岛的"将军帽"，言谈中却吟哦着文人墨客的诗句。

"在传承中发展，在交流中融合，在碰撞中创新，年轻的、活力的珠海，在美食中展现出了独树一帜、与众不同的一面。"

广府菜、客家菜、潮州菜，与珠海的本帮菜相交融。

湘菜、川菜、江西菜、贵州菜，在这里同城斗辣味。

葡国菜、日本菜、印度菜，异国风味摇曳飘香……

珠海的美食，总是让人流连忘返。

（3）

我们是这样考虑"漫说珠海"文旅丛书的创作总体思路的——

在学术指导上：在文旅大融合的背景下，在充分研讨和严格把关的基础上，以中国特色山水文化观照珠海，从珠海透视中国特色山水文化，使中国特色山水文化成为中华民族共同体的基本文化，并且走向世界，成为建设粤港澳大湾区、共建"一带一路"、构建人类命运共同体的文化纽带，充分彰显珠海的江海文化特色。

在写作视角方面：一是采用珠海视角、湾区视角、中国视角、世界视角。也就是说，既要有珠海本土视角，也要有异乡旁观者的视角，当然还需要更大视角来写珠海。二是作者视角上"有我无我"：既要有"我"的在场感，就是旅游个人体验，也要有无我的知识厚重感，也就是跳出"我"。

在写作方法方面：一是从大到小来写珠海，从世界、中国视角写起。二是从小到大，文章以小切口入手，讲好每个故事，有细节，有趣味，做到深入浅出、雅俗共赏；同时又从小切口来回应大时代，通过珠海的城市变化反映中国的城市变化。三是采用专题写作，取法其上，得乎其中，避免切割式写作。文字表达体现一个"活"字，阅读体验感要好，对读者的知识需求有益，适合游客尤其是年轻游客。

每一个城市都有她的过去、今天和未来，一套文旅著作，描绘的重点当然是今天，"漫说珠海"文旅丛书同样如此。然而，由于珠海曾经属于香山包括中山，有八百多年历史，而建制独立后的人们对这一段历史则多有认识不足，因此我们有意突出表现了珠海与"香山"的关联，包括自然和人文两个方面的来龙去脉、渊源基因等，都给予了不少的笔墨。我们觉得这样做是有道理的，更是有意义的。

"漫说珠海"文旅丛书是行走的文化散文。

本套丛书以旅游为载体，以文化为灵魂，通过行走的方式，将可游可感的风景及背后的文化和故事，以散文式、随笔化的语言呈现出来。

本套丛书所指的文化，重视"文"，更重视"化"，"文化"不仅凝聚在高文典册上，是一种知识或者符号，更渗透在日常生活中，成为生活中的日常和共识，进而成为珠海的城市风骨和人文精神。

"漫说珠海"文旅丛书是一套大家小书。

本套丛书强调作者行走的体验性、在场性，需"入乎其内"，但又要"出乎其外"，有"他者"的视野，并彰显学术的高度、知识的广度，既有原乡人的看法，也有异乡人的观点，从而区别于一般的游记。概括地说，本套丛书，是专家学者采取"漫说"的方式，在知后行，行后知，以浅显易懂、明白流畅的语言传达珠海的山水人文，是学者的散文，但又不受制于散文的文体。

"漫说珠海"文旅丛书，用"漫说"的形式，抒写"浪漫"的珠海；以文字的珍珠，表现珍珠的海。这就是我们的初衷。我们是这样想的，也是这样做的，期望能达到我们的初心。

"漫说珠海"文旅丛书讲究图文并茂。

图片也是内容，作者不仅需提供隽永的内容和优美的文字，还是珠海风景的拍摄者、发现者、展示者。当然，珠海市文化广电旅游体育局、广东旅游出版社也为此做了诸多努力。

《山》《水》《人》《城》《食》，以自然的"五味子"漫说珠海，以人文的"五味子"漫说珠海，丛书会告诉你一个无限精彩的珠海，交给你一个难以忘怀的珠海，送给你一个永记心中的珠海。

《山》《水》《人》《城》《食》，都在漫说着这八个字："海的珍珠，珍珠的海"——

>   有一个花园城市是哪里？
>   有一个花园城市是珠海。
>   一个比一个美丽的花园啊，
>   装扮成花园般的珠海。

>   有一个海滨城市是哪里？

有一个海滨城市是珠海。

二百二十七公里的海岸线啊，

环绕成黄金海岸的珠海。

有一个百岛之市是哪里？

有一个百岛之市是珠海，

二百六十二个海岛是海的珍珠啊，

二百六十二个海岛连成珍珠的海。

啊，珠海，珠海，

海的珍珠，

珍珠的海！

囿于水平，"漫说珠海"文旅丛书难免有错漏谬误之处，谨此，恳请读者鉴谅和批评。

2024年7月11—12日初稿于九连山下

2024年8月31日二稿于珠海、中山

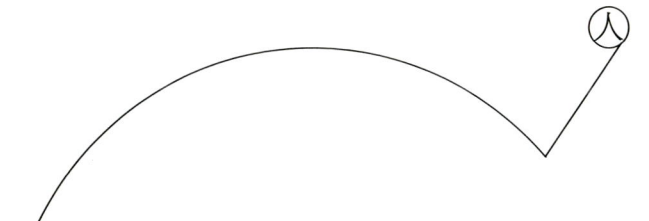

目 录

第一辑　珠海人综述 / 001

一、珠海人溯源 / 005

二、珠海人与香山文化 / 008

三、远去的水上疍家人 / 014

四、七子之歌——澳门 / 018

五、改革开放的弄潮儿 / 023

六、大湾区人 / 027

第二辑　历史风云 / 031

一、文武兼资的民初政要蔡廷干 / 033

二、民国首任内阁总理唐绍仪 / 036

三、民主革命杰出斗士陈景华 / 040

四、孙中山原配夫人卢慕贞 / 043

五、近代中国妇女解放运动先驱徐宗汉 / 046

六、中国共产党早期重要领导人苏兆征 / 049

七、中国工人运动先驱林伟民 / 053

八、华南地区马克思主义传播先驱杨匏安 / 057

九、夏威夷首位华裔州长邝友良 / 061

　　十、侨领容兆珍 / 064

第三辑　近现代璀璨人文 / 067

　　一、清代岭南著名诗人、书法家鲍俊 / 069

　　二、"中国留学生之父"容闳 / 072

　　三、中国西医第一人黄宽 / 075

　　四、广西新学创办者黄槐森 / 078

　　五、中国工程院院士容柏生 / 081

　　六、中国第一位世界冠军容国团 / 084

　　七、清华学校首任校长唐国安 / 087

　　八、近代中国杰出的文学家苏曼殊 / 092

　　九、新中国杰出的工人工程师唐仲谦 / 095

　　十、哲学家、教育家韦卓民 / 098

　　十一、革命家、教育家韦悫 / 101

　　十二、中国航空事业先驱陈庆云 / 105

　　十三、新中国电力工业开拓者鲍国宝 / 108

　　十四、著名爱国人士、大律师莫应溎 / 112

　　十五、著名妇产科专家唐淑之 / 115

　　十六、教育家、植物学家容启东 / 117

　　十七、粤剧名伶唐雪卿与粤剧编剧唐涤生 / 120

　　十八、新中国动画奠基人特伟 / 124

　　十九、著名版画艺术家、美术教育家古元 / 127

第四辑　近代商界传奇 / 131

　　一、会同三莫 / 133

　　二、中国世博第一人徐荣村 / 140

　　三、清廷驻夏威夷王国第一任领事陈芳 / 144

　　四、旧金山早期华侨领袖唐廷植 / 147

　　五、洋务运动先驱、实业家唐廷枢 / 150

　　六、近代中国民族工商业杰出代表徐润 / 153

　　七、兴中会重要成员容星桥 / 157

　　八、大新公司创建人、实业家蔡昌 / 161

第五辑　当代珠海人风采 / 165

　　一、珠海发展的奠基人——梁广大 / 167

　　二、血染的风采——记对越自卫反击战一等功获得者张金明 / 176

　　三、坚守外伶仃岛36年的"邮递员"谢坚 / 179

　　四、珠海担杆岛卫士刘清伟 / 184

　　五、珠海网箱养鱼带头人——冼十五 / 187

　　六、格力之路 / 190

　　七、"取自全球"的汤臣倍健 / 194

　　八、健帆生物成长记 / 198

　　九、珠海高新区"明珠"——金山软件园 / 202

后记 / 205

参考文献 / 207

第一辑

珠海人综述

广东省珠海市地处祖国南疆，位于珠江口西南部，南与澳门相连，东与深圳、香港隔海相望。在漫长的历史发展过程中，这里只是几个小渔村，一直不为世人所知，如今的珠海市是近几十年发展起来的新城市。截至 2023 年末，全市（含横琴粤澳深度合作区）常住人口为 249.41 万人，其中城镇人口为 226.65 万人，农村人口为 22.76 万人，城镇人口占总人口的比重（即常住人口城镇化率）为 90.87%。珠海人当中有珠海当地人以及潮汕人、客家人、疍民后裔、湖南人、四川人等外来人口，外来人口中潮汕人居多。这片在历史上最早产生中西方文化融会贯通的土地，以其博大的胸怀接纳着来自五湖四海的流动人口，太多的人在这里扎根，安居乐业。

本辑溯本清源，从有史证开始探寻珠海人的起源与不同历史形态下的生产生活状态；讨论现代珠海人的定义，包括广义、狭义的涵盖范围，以及新时代珠海人对自己地域性的认知和珠海人身份的存在感、价值体现；着重撰写历史特定原因产生的水上疍民艰苦而传奇的生活、海上丝绸之路的过往如何影响着这片神奇的海陆；近代是珠海人历史最重要的时段，珠海人对于中国近代史有着不可取代的非凡意义和广泛领域的影响力。

珠海市的历史名人众多，门类齐全，范围广泛，知名度高，活动地域很大。这与珠海古代渔民文化、特殊时代背景、地理条件、历史条件和文化氛围分不开。古代渔民文化催生了珠海先民艰苦奋斗、敢于冒险的精神。唐宋以前，西北江三角洲的滨海线处于五桂山（今中山市境内）以北，珠海全境为散落在珠江河口外的偏僻海岛，据考古发现，早在 6000 年前便有先民生活在这些海岛上。由于珠海面向海洋，近海岛屿星罗棋布，自古以来，这里的居民主要以渔业为生。宋元交际之时，北方不少民众为躲避战乱也迁徙到这里，成为流动渔民。珠海渔民以一只小小的渔船为家，以博大而又充满风险的海洋为人生舞台，赤手空拳与大海搏斗，生命时刻面临挑战，生活异常艰辛，特殊的生活方式淬炼并传承珠海人坚忍不拔、敢冒风险的精神品质。与内地的农民相比，渔民敢于放弃一成不变的生活，重开拓、敢挑战。经过千百年历史的风霜洗礼，催生了珠海先民艰苦奋斗、敢于冒险的精神，这种精神契合近代中国动荡的社会环境，诞生出众多革命斗士和敢于创新的先驱。

在近代中国历史上，珠海这片土地在炮与火的洗礼之中，在社会转型的激荡之中，突然群星闪耀，涌现出一大批影响中国历史发展进程的政界、商界、教育界巨擘，这些名人开风气之先，改变了中国历史发展的轨迹，为近代中国的发展起到了重要推动作用。他们留下的优良历史传统塑造了近代以来珠海人敢为人先、勇于开拓、开放包容、爱国爱家的精神品质。

这里哺育了"中国近代留学生之父"容闳、民国第一任内阁总理唐绍仪、华南最早的马克思主义传播者杨匏安、中华人民共和国首位世界冠军容国团，以及近代著名实业家徐润、唐廷枢、莫仕扬、蔡昌和中国工人运动的领袖苏兆征、林伟民，清华第一任校长唐国安、一代才子苏曼殊等200多名历史名人，创造出了中国历史上多个"第一"。可以说，中国近现代历史上出现的每一种新思潮在珠海都能找到代表人物。

循着历史的踪迹，我们发现，港澳地区在近代西风东渐、中国逐渐走向现代社会的过程中发挥着独特的作用，并孕育了毗邻港澳的珠海名人诞生的时代背景和文化土壤。明清以降，随着西方殖民势力的东来，包括香山县在内的珠江三角洲地区成为中西文化的交会之地，这里的人们率先对来自西方的冲击和挑战作出回应，在近代中国历史转型中扮演了先驱的角色，中国开始走进一个新的世界。

在众多珠海近现代历史名人中，大致可以分为三类，即教育家、实业家、政治家。他们在各自的领域做出了非凡的成就，不仅改变了当时的中国，也深深地影响了中国人特别是珠海人的精神世界。

从近代珠海人首先打开眼界、革新思维、重视教育的历程中，不难找到珠海出现众多历史名人的原因：近代珠海人重教育，敢为天下先，敢于接收吸纳不同文化、不同思想；勇于尝试，敢于拼搏，锐意进取；爱国爱家，勇担历史使命。如果说近代珠海人和现代珠海人共同的精神品质，"勇于开拓、敢为天下先"是最好的概括，也是新时期珠海人精神品质塑造的关键点。

珠海毗邻港澳，面向东南亚，是最早的经济特区之一，是改革开放的前哨重地，"革新"和"特色"是发展的应有之义。《珠江三角洲地区改革发展规划纲要（2008—2020年）》将珠海放到前所未有的高度，此外，随着横琴粤澳深度合作区的开发和建设，珠海面临新的重大机遇。珠海人勇于解放思想，冲破习惯势力的束缚，发扬敢为人先的精神品质，注重创新，走前人没有走过的道路，以世界的眼光和开阔的心胸为珠海担当经济、社会改革"先行先试"的重要历史使命贡献力量。

奋发图强、励精图治是新时期珠海人精神品质塑造的基础。每一次创新，每一项工作，要发挥实际功效，必须靠实践。在实践中，奋发图强、励精图治才能取得最后的成功。要以科学发展的态度对待工作，一丝不苟，奋力拼搏，敬业守职，扎实工作，讲求实效，不摆花架子，杜绝形式主义。

爱国爱家、服务人民是新时期珠海人精神品质塑造的归宿。近现代历史上的珠海先贤爱国爱家，自觉将自己的命运与祖国联系在一起，为人民作出了卓越贡献。珠海紧跟时代潮流，把握时代脉搏，将自身的发展和国家的发展紧密联系，珠海人将自身的命运和国家的前途结合起来，作为雄厚的精神支撑。

总之，曾经深受香山文化影响的珠海人，在历史上深得香山文化的精髓，他们是教育先识、洋务先锋、思想先觉、救国先行、革命先导。当下的每一位珠海人都是珠海文化传承的代言人、受益者、亲历者。这是历史和文化共同赋予他们的责任与担当。

一、珠海人溯源

珠海作家曾维浩先生曾经这样描述珠海1985年的模样："那时的珠海整个就是一个大工地，到处是推土机，是建设者的脚手架，在路边的任意地方，只要招手，就有乳白色的丰田小面包车在你身边停下来……大多数路上尘土飞扬。人们有一股少有的朝气，在别的地方，看不到这种景象。让人感觉尘土都有一股鲜味儿。可能只有少数国家能这样干，因为这样的国家有足够广阔的腹地，可以用一块位置独特的地方来做试验。"

而今我所见到的珠海，已经改天换地。凭借得天独厚的自然环境和粤港澳大湾区开发的历史性机遇，努力拼搏、乐观向上、永不服输的珠海人用短短几十年时间，把美丽的岛城珠海打造成一座独一无二的国家级的"青春之城""浪漫之城""宜居之城"。

踏上珠海这方热土，欣赏着四季繁花、天海一色、凤凰山迤逦在岸，你一定情不自禁想要深入了解一下，这梦幻般炫美家园的缔造者和建设者——珠海人。

珠海人起源的话题涉猎内容太过庞杂，我借助翔实的史料、珍贵的考古成果，浅说一下"珠海人"。

珠海依山临海、岛屿众多，内陆由山地平原及纵横交错的水网构成，不同族群择地而居，形成了丰富多样的生活饮食习惯及文化风俗，并世代传承。

1983年，考古队在珠海横琴赤沙湾发现了数量可观的文物。随着考古工作的深入，赤沙湾的同期文明的遗址越来越多。之后的几年内，文物普查队员来

▲ 宝镜湾遗址 考古发掘现场

到了淇澳岛，这个10多平方公里的淇澳岛，竟发现了4处史前遗址——后沙湾遗址、东澳湾遗址、亚婆湾遗址、南芒湾遗址，其中还发现了约6000年前的彩陶。其中，后沙湾遗址的年代是最久远的，珠海的先民们就在这里搏击风浪，创造光辉灿烂的古代文明。还有三灶岛草堂湾遗址、前山南沙湾遗址、平沙水井口遗址、平沙棠下还遗址、吉大棱角咀遗址、淇澳岛小沙澳湾遗址……都是珠海的史前文明的发源地，也是珠海本土居民的最早起源。

"千年岩画谁疏凿？又欲回车问夕阳。"已故著名国学大师饶宗颐，2000年5月4日曾亲临珠海宝镜湾遗址考察，对宝镜湾遗址范围内的宝镜湾岩画印象尤深，留此绝句。

我们今天再看赤沙湾，北背大横琴望天台山，南向大海，有溪水流入大海，如一位饱经沧桑的老人，守候着这片海陆，也仿佛向人诉说沧海桑田的变迁。淇澳岛、三灶岛、高栏岛、荷包岛等岛屿的海湾岸边沙丘、沙堤下丰富的新石器时代晚期文物，以其特有的文化面貌和内涵，向后人叙说着距今6000年至3000年南海北岸所发生的故事，告诉后人，这里是南越先民生息繁衍之地，同时也是珠海人的起源之地。后来的考古发现又有新的文明纳入珠海人的起源，探寻珠海人起源的过程，也随着史页的翻飞演绎着众多的珠海往事……

珠海人的起源除了以上的几大分支，早期的水上疍民和海上丝绸之路带来的商贾移民，也是珠海人的构成中重要的组成部分。起源于海岛的珠海人有着搏击风暴的顽强意志，有着适应海陆的能力和顺应时代大潮的应变能力，更有着保家卫国、寸土不让的英雄气概，最难能可贵的是海丝遗风、粤港澳大开发的热浪已经让新一代珠海人有了务实、创新、与时俱进的宝贵品格。

珠海人创造了璀璨的珠海历史，辉煌的珠海的未来也正在前行的路上。

二、珠海人与香山文化

很多外地朋友到了珠海之后有点"拎不清":有人说自己是珠海人,也是香山人,而有些香山人不是珠海人,那么香山人与珠海人有着怎样的历史渊源、地域交集?又有着怎样的同祖同宗、血脉相通的香山文化?我们先从香山的历史说起吧。

关于香山,最早确凿的记录是公元前214年,秦始皇统一岭南地区,设南海郡、桂林郡、象郡,香山岛"以地属南海郡"。其实早在秦始皇嬴政统一岭南地区前,当时香山岛这块热土,属"百粤海屿地"。"百粤"就是"百越","粤"通"越"。这就是广东省简称"粤"字的由来。香山岛就是后来香山建县的前身,所以香山文化和香山人的概念是早于珠海人的,也就是绝大多数珠海人祖上就是香山人。

历史洪流奔涌不息,珠海人也有着自己的发展步伐,南宋绍兴二十二年(1152年),香山立县,下辖包括今天珠海、中山、澳门的广大区域,是珠海人集中走向辉煌的重要历史节点。所以说广义讲,中山人、珠海人、澳门人应该是同宗同源——香山人,正是这些香山人共同创造了香山文化。香山文化在地缘上就是指包括今天中国广东省中山市、珠海市和澳门特别行政区在内的地域文化。香山文化是岭南文化、珠江文化的子文化,在本质上集中体现了岭南文化、珠江文化中广府文化的主要特征,是中华文化及其岭南文化、珠江文化与海洋文化相互碰撞、不断融合的产物。

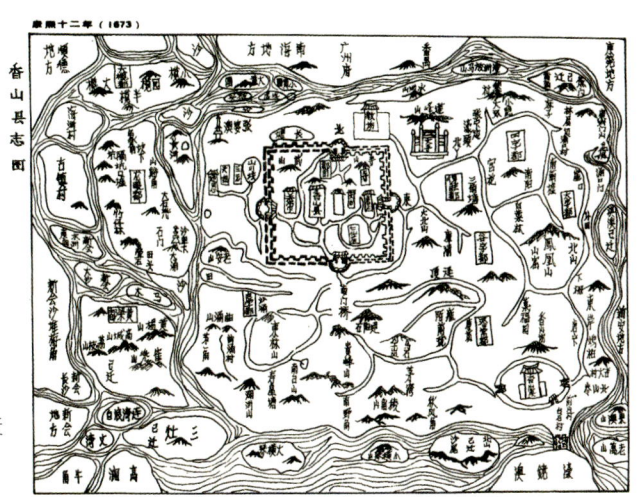

▶ 香山县图（来源：康熙《香山县志》）

香山建县之路也不容易，从北宋元丰五年（1082年）到南宋绍兴二十二年（1152年）。历代《香山县志》都有记载"香山建县"这一历史事件。可惜的是最古老的第一套明朝永乐版的《香山县志》散佚已久，无法找寻。明朝嘉靖版的《香山县志》卷之一《风土志第一》里面的记载还是十分明确的，应该是继承了明朝永乐版《香山县志》的精华，全文如下（标点为笔者所加）：

香山，本禹贡扬州之南裔，百粤海屿地也。秦平百粤，以地属南海郡。汉时，北入番禺县。晋成帝咸和六年，分南海之东为东官郡。恭帝元熙二年，分南海之西为新会郡，其地入焉。隋开皇十年，改东官郡为宝安县，属广州。唐至德二年，更名东莞，其地专属焉，是为文顺乡香山镇。宋元丰五年，广东运判徐九思用邑人进士梁杞言，请建为县，不果行，止设寨官一员，仍属东莞。宋绍兴二十二年，邑人陈天觉建言改升为县，以便输纳。东莞县令姚孝资以其言得请于朝，遂割南海、番禺、东莞、新会四县濒海地归之。因镇名为香山县，属广州，元属广州路。

《石溪亦兰亭碑记》是这样写的："凤凰山之南，有邑名山场，香山之

009

源也。"

明代嘉靖版《香山县志》没有记载南越国这一段历史，而是直接说"汉时，北入番禺县"。"北入番禺县"的时间应该是指西汉元鼎六年（前111年），这一年汉武帝平南越国。三国，香山岛属番禺县。"广东运判徐九思用邑人进士梁杞言，请建为县，不果行，止设寨官一员，仍属东莞。"这是第一次建县的努力，乡贤梁杞首先提出来，得到了广东运判徐九思的支持，并采取行动，可惜没有"请建"成功，"止设寨官一员"，香山镇变成了香山寨，性质一样，还是保护盐业生产，只是地位有所加强。一晃又过了70年，又有一个乡贤陈天觉提出建县。什么理由呢？这位乡贤进行了充分的调研，他提出的理由非常充分又合理：香山场生产的盐，银坑开挖出来的银，原来要经转东莞县城，再到广州，既不方便，也不安全，并且增加了很大的成本，所以他以"以便输纳"为由，"建言改升为县"。这一次得到了东莞县令姚孝资的赞赏，他马上去积极促成此事，"以其言得请于朝"，把陈乡贤的话转达到朝廷去了。恰好当时的朝廷也正需要增加财政收入，"绍兴议和"之后，朝廷财政困难，听到有盐和银输纳的一个地方申请建县，很快批准，"遂割南海、番禺、东莞、新会四县濒海地归之""因镇名为香山县，属广州"。

香山建县成功了，首任行政长官正是这位有远见的乡贤陈天觉，陈天觉为这个新生的香山县劳心劳力，直至终老。

就这样在漫长的历史中分分合合、历经各种规划版图的香山人，逐渐产生了自己特有的方言文化、民俗文化、买办文化、商业文化、名人文化、思想文化。

鸦片战争以来，香山人最早睁眼看世界，率先跨出国门，书写了中国人自强兴国的恢宏篇章。他们当中有为国家富强，对民主革命作出巨大贡献的孙中山、容闳、唐绍仪、郑藻如、杨仙逸、杨殷、林伟民、苏兆征等，也有为推进中国近代对外贸易和工商业发展而功绩卓越的徐润、唐廷枢、马应彪、郭乐、蔡昌、李敏周等，还有呼唤思想启蒙、倡导顺应历史潮流的郑观应、杨匏安、刘师复、王云五等，以及在文学艺术、体育事业上建树颇多的苏曼殊、阮玲玉、郑君里、萧友梅、吕文成、容国团等。随着时代变迁，行政区域划分的更新，香山人先后分流为中山人、珠海人、澳门人以及原来香山县制下的其他属地，原出生或生活在香山的一些政治、文化等领域的历史名人的属地，因有着错综复杂的交集，目前还没有定论。

尽管如此，顾泽贤教授曾说，香山人创造的"香山文化汇通天下"。先进的香山人以中国、世界为广阔的舞台，对于近现代香山文化的物质、制度、精神、心态层面建设的意义，可谓既深且远，而香山文化亦因此焕发了蓬勃的生机。

原广东省社科院院长、著名学者张磊教授在《香山文化——历史投影与现实镜像》序言中强调："由于地缘与人缘的契机，它较早成为中西文化交融的地域，得以开风气之先，又能领风气之先。人文精神高扬，呈现群星灿烂。众多政治家、思想家、学者、艺术家……堪称光辉夺目。"20世纪中国的三巨人之一的孙中山，更以民主革命先行者和近代化前驱的丰功伟绩而使香山易姓，更名为中山。

自古香山地区文脉兴盛、人文荟萃，不仅培养了许多才华横溢、享誉中外的优秀学子，同时也走出了许许多多卓越的教育工作者。特别是近代以来走在时代前沿的香山人，深入参与其中，勇于开拓、善于创新，作出了开创性贡献，不少如今耳熟能详的知名大学都是他们一手创办的。

唐国安（1858—1913年），香山县唐家鸡山村（今属珠海市）人，清华大学首任校长。唐国安14岁时，成为清政府第二批留美幼童之一，回国后先后任游美肄业馆会办、清华学堂副监督。1911年，由唐国安参与筹建的清华学堂在清华园开学，这也是清华历史的开端；1912年，清华学堂更名为清华学校，唐国安被任命为首任校长。唐国安倡导"通才教育"，整顿校务和教学秩序，他领导、参与制定了《清华学校近章》，确定了"进德修业、自强不息"的清华学堂章程，对以后的办学产生了深远影响。

1924年，孙中山亲手将广州地区多所高校整合创立国立广东大学。1926年定名为国立中山大学。如今该校由1952年院系调整后分设的中山大学和中山医科大学于2001年10月合并而成。中山大学简称"中大"，由中华人民共和国教育部直属，是教育部、国家国防科技工业局和广东省共建的综合性全国重点大学，列入国家"双一流""985工程""211工程"，截至2023年5月，学校由广州、珠海、深圳三个校区、五个校园及十家附属医院组成。

钟荣光（1866—1942年），岭南大学首任华人校长，香山县小榄人（今属中山市），在中国大学教育史上，曾流传过一句"北有蔡元培，南有钟荣光"，指的便是近代岭南教育家、岭南大学校长钟荣光先生。钟荣光早年加入兴中会，追随孙中山革命，1899年起历任广州格致书院汉文总教习、岭南学堂教务长、岭南学校副监督、岭南大学监督等职。1920年起曾筹办农科大学，并兼任岭南农科大学校长，1927年岭南大学收归国人自办，钟荣光出任第一任华人校长。他主张："教育救国、广揽人才、教学科研同步发展。"推动岭南大学逐步建成拥有文理学院、商学院、农学院、工学院、医学院的多科性大学，共有6院近30个系，逾400个科目，学生千余人，岭南大学后来在20世纪50年代解散，部分学科并入到中山大学。

韦卓民（1888—1976年），香山县翠微乡人（今属珠海市），华中大学校长。韦卓民是著名的教育家，把毕生的精力，都献给了中国的教育事业。1929年起担任华中大学（华中师范大学前身）校长。1934年主持将华中大学，收归国人自办，1938年推动学校西迁，坚持办学，在中国面临内忧外患的情况下，将华中大学，建成国内颇有影响的大学。他认为华中大学应为中国培养"立德立言立功，发奋天下为雄"的高水平人才。

萧友梅（1884—1940年），创办上海国立音乐院，香山县石岐人（今属中山市）。1920年，萧友梅学成归国，毅然选择了开创音乐教育事业的艰苦道路。1922年10月，北京大学成立了我国第一支小型管弦乐队，萧友梅担任指挥。1927年，在蔡元培的支持下，萧友梅创办中国第一所专业音乐学院——上海国立音乐院（今上海音乐学院），先后任教务主任、院长、校长。萧友梅长期致力于中国音乐教育事业，培养了冼星海、贺绿汀、刘雪庵等一批音乐专业人才。

郑锦（1883—1959年），国立北京美术学校（今中央美术学院）首任校长，香山县雍陌村人（今属中山市）。1896年，郑锦东渡日本学画，曾师从梁启超，回国后从事美术教育。1917年，他参与筹办中国第一所国立美术学校——国立北京美术学校（今中央美术学院），1918年任该校首任校长。郑锦任校长期间，培养了刘开渠、李苦禅、李剑晨、王曼硕等一大批日后中国美术现代史上的人才、卓有成效的美术家或美术教育家。郑锦从继承中国画传统的方向出发，吸收了西洋画法的颜色、光暗、透视等方面技巧，把中国的年画风格融入作品，形成了独有的风格，是画坛的改革先锋。

蔡绍基（1859—1933年），北洋大学堂（现天津大学前身）督办（校长），香山县北岭乡（今属珠海市）人。蔡绍基是清政府首批留美幼童之一，1894年参与创办北洋大学堂（现天津大学前身），任二等学堂首任总办，庚子事变中校舍被侵占。1902年，蔡绍基任北洋大学堂总办后，着手恢复校舍，1908年任北洋大学堂督办。北洋大学是中国高等教育史上的第一所新型大学，蔡绍基在兼任北洋大学校长期间，兢兢业业，严谨治学，为学校打下了坚实的基础。北洋大学在学科设置、办学方向等多方面，皆以美国哈佛大学、耶鲁大学为蓝本，成为当时中国兴办新式大学的楷模，被誉为"东方的康奈尔"。

无论是中山、珠海，还是澳门，这三个地区的人一脉相承，血浓于水，原来都曾经是香山人，香山人的历史承载着香山文化，厚重而博大。

三、远去的水上疍家人

你知道有这样一支神秘而特殊的居民群体吗？曾经，他们祖祖辈辈以舟为家，傍水而生，大海是他们的故乡也是他们的精神家园；曾经，他们有着单调而艰苦的舟船生涯，历史上很长一段时间不可上岸、不可参加科举，亦不能与陆上人通婚。

这就是疍家人，又称水上人，多以捕鱼、采珠或货运为生，他们中不少人生活在今天的珠海、澳门海域，是明清香山渔民的重要组成部分。特殊的生活环境繁衍出特殊的疍家文化，具有鲜明的地域特色。

疍家人的起源有两种说法：一种说法认为疍家人是早期南方汉族人后裔，被官军所迫，逃入江海河上居住，以捕鱼为生，此后，世代传承；另一种说法认为疍家人是古越族等南方水上民族受陆上民族排斥，多年来漂泊于海上形成的一种特殊居民群体。

新时代的疍家人生活现在是怎样的状况呢？

大湾区均有疍民出没，而珠海处于疍家文化的中心地带，疍家文化历史底蕴深厚。在珠海寻迹疍家人，有两处重要的地点：一是珠海斗门，斗门的水上人历史悠久，有超过400年的历史，如今分布在白蕉镇、莲洲镇等地；二是南屏十二村附近，路边有土地庙，窄巷子、斑驳的墙、青砖屋，很多疍家人祖居于此，充满人间烟火气，生机勃勃。

在明清两代珠江三角洲开发进程中，疍家人用自己勤劳的双手参与沙田的垦殖，围海造田，滩涂变沃野。如今，城市化发展吞噬了安静小镇，疍民上岸

▲ 20世纪60年代水上人家

逐渐转型，但长期以来形成的疍家文化，依然通过各种方式保存下来，并不断得到弘扬。疍家文化丰富的风俗民情、浓厚的地方色彩、鲜明的水乡特点，具有极高的旅游价值与文化价值。

"斗门水上婚嫁"是疍家文化中最具代表性的习俗，是珠海首个国家级非遗项目，富有水乡地方特色风俗人情，既融合了广府文化，又渗透着客家文化的元素。这项婚嫁习俗的程序繁复多样，以船为主要交通工具，在备婚宴、接新娘、拜高堂、会亲友等情节上，以即兴创作的沙田民歌对唱贯穿整个婚嫁活动。水上婚嫁体现了疍家人的勤劳勇敢、仁爱礼仪，衣着服饰的朴素、家居陈设的大方、民歌创作的真实，使疍家文化魅力影响着整个大湾区。

◀ 水上婚嫁集体婚礼

疍家人虔诚地信奉"妈祖"。疍民长期生活在海上的时候，各方面条件都极其艰苦，他们要忍受常人无法忍受的痛苦，狂风、巨浪、暴晒、黑暗，而且没有外界的物质保障，其困难程度可想而知。恶劣的生存环境，迫使人们需要寻找精神寄托，而妈祖就成为他们的海上保护神。于是疍民崇拜妈祖，凡有疍民渔船聚泊的港口，其附近都建有天后宫。

疍家人在历史上也曾经展现过不屈和勇敢的战斗精神，他们不甘于被歧视和压迫，曾经多次起义反抗。他们也曾经为国家和民族的利益而奋斗，参与了抗击外敌的战争。他们还曾经为海洋开发和海外交流做出了贡献，他们的船只和技术在中国古代海上丝绸之路上发挥了重要作用。

著名作曲家、钢琴家、共产党员、有"人民音乐家"之称的冼星海就是疍家人的杰出代表，他祖籍广东番禺（今广州南沙区榄核镇），出生于澳门。这位英年早逝的音乐天才曾经就读于北京大学音乐传习所、国立音乐院，冼星海短暂的生命里创作了大量具有战斗性和感染力的群众歌曲，仅在1935—1938年间，冼星海创作了《救国军歌》《只怕不抵抗》《游击军歌》《到敌人后方去》《在太行山上》等各种类型的声乐作品，开拓了中国现代革命音乐的新局面。他还创作了《黄河大合唱》《生产大合唱》等不朽名作，振奋了民族精神，这些作品成为中华民族抗敌救国的精神武器。2009年，冼星海被评为100位为新中国成立作出贡献的英雄模范人物之一。冼星海不仅是疍家人、广东人的骄傲，也是中华民族的骄傲。

说到古代的海丝之路，那是2000多年前"丝绸之路"的一个重要组成部分，亚欧大陆上勤劳勇敢的人民，探索出多条连接亚欧非几大文明的贸易和人文交流通路，后人将其统称为"丝绸之路"。

千百年来，"和平合作、开放包容、互学互鉴、互利共赢"的丝绸之路精神薪火相传，推进了人类文明进步。丝绸之路是促进沿线各国繁荣发展的重要纽带，是东西方交流合作的象征，是世界各国共有的历史文化遗产。而今不仅仅疍家人，整个粤港澳大湾区的人都是新时代的"海丝人"。

2013年9月和10月，中国国家主席习近平在出访中亚和东南亚国家期间，先后提出共建"丝绸之路经济带"和"21世纪海上丝绸之路"（以下简称"一带一路"）的重大倡议，得到国际社会高度关注。

珠海横琴在"一带一路"的建设规划中尤为重要。横琴粤澳深度合作区位于中国广东省珠海市香洲区横琴镇（横琴岛）所在区域，地处珠海南部，毗邻港澳。2019年，中共中央、国务院印发《粤港澳大湾区发展规划纲要》，横琴是纲要中明确的重大合作平台之一，侧重服务澳门。凭借粤港澳大湾区发展的天时之利，珠海以文化为引领，推动与澳门融合发展、相互促进。

如果说疍家人在海上的生活属于自然和历史共同作用下选择的一种生存方式，那么今天作为"海丝人"的大湾区人、横琴人，也是轰轰烈烈的"一带一路"发展策略中的排头兵、先行军，必然会在大势所趋的欧亚共同发展的新时代，迎来自己的高光时刻，载入世界发展、祖国繁荣的新篇章。

四、七子之歌——澳门

澳门和珠海，是同胞兄弟。

他们有着近一个世纪的骨肉分离，但是丝毫不影响他们今天的手足之亲。

"珠海特区因澳门而立，横琴新区因澳门而兴"，这是珠海流传多年的一句老话，也是横琴与澳门融合发展的生动见证。数据显示，2023年春节期间，拱北口岸赴澳门旅游人员较去年同期增长率达221%。珠、澳两地春节氛围格外浓厚，澳门地区的"龙马精神"烟花会演、花车会演、明星音乐会与珠海各区推出的春节文旅表演及各特色景区推出的新春活动相交织，不仅吸引了省内省外游客慕名前来，而且极大地刺激了珠澳跨境旅游热再度升级。

有一部分国人是从一首歌中知道"澳门"的：

你可知Macau（葡语，澳门）不是我真姓

我离开你太久了　母亲

但是他们掳去的是我的肉体

你依然保管我内心的灵魂……

这首歌曾经在澳门回归祖国的历史时刻，唱响在960多万平方公里的土地，音乐声令华夏儿女热泪盈眶。

当年，刚刚从清华学校毕业的闻一多远涉重洋，到美国留学。独居异域他邦，闻一多对祖国和家乡产生了深深的眷恋；在西方"文明"社会中亲身体会

▲ 澳门夜景

到种族歧视的屈辱，更激起了他强烈的民族自尊心。正是在这样的背景下，闻一多写下了《七子之歌——澳门》等作品。

　　由于澳门独特的地理位置和历史背景，澳门文化是有深厚传统内涵的中华文化和以葡萄牙文化为特质的西方文化共存的并行文化，是一种以中华文化为主、兼容葡萄牙文化的具有多元化色彩的共融文化。几百年来，中西文化的交流与嬗变，赋予澳门独特的文化魅力，也形成和保存了相当丰富的非物质文化遗产。澳门文化有着明显的先民遗风，几经衰荣沧桑，却始终被"澳门"这两个中文字所照亮，澳门之身有深深的中华民族烙印。

　　当你穿行在现代化的澳门街市上的车水马龙之中，可知道Macau的由来吗？

　　在500多年前，澳门半岛是一个小渔村，散布多个小型的聚居点，当地渔民为了祭拜保护渔民出海平安的女神阿妈，建立了妈阁庙，后来登陆的葡萄牙人便以"妈阁"之音Macau命名此地。原始面积不到10平方公里的澳门半岛，却

▲ 澳门妈祖阁

经历了明、清、民国至今将近450年的建埠历史，是16世纪海上丝绸之路的重要据点，是明朝中国最早开放的"特区"或租界，是远东最早的传教中心，也是东西方文化双向交流最早的基地，沿用至今。儒释道的传统在本地华人中原封不动地保留着，大大小小的庙宇完好无损，而且香火鼎盛，为研究本地华人的宗教文化和意识形态提供了丰富的资料。

看过青烟缭绕的妈阁庙香火、听着西洋教堂的晨暮钟鸣、走过葡国风情的石板斜街和洒满浓荫的海滨道路……中西文化浸润着一方沃土，为澳门这座小城岁月留痕，必须去参观的还有巍峨的"大三巴牌坊"。

夜幕降临之际，元宝和铜钱造型的彩灯亮起来，人在街巷，空气里飘散着菠萝和榴梿气味，傍晚的天空呈现幽蓝色，灯光照耀下青灰泛绿的街巷中跳跃着彩色雨伞与游人身影。站在澳门人俗称"喷水池"的议事亭前地，脚踩黑白相间的葡国碎石铺砌而成的波浪纹地砖，亦仿佛跟随波浪一起见证了西风东渐的演化进程。

遥想当年的岐澳古道,不但是海上丝绸之路的重要通道之一,也曾是中国人开眼看世界的窗口。林则徐经此往澳门禁烟巡阅,孙中山来往跋涉革命行医,郑观应故乡是这条路上的重要节点……"岐"指的是当时香山县城石岐,连接中山、珠海、澳门的岐澳古道,讲述了半部香山近代史。林则徐有心将其由香山抵澳的沿途"路书"随手写进了日记中,寥寥几笔,勾勒行程。殊不知,这或许是无意间的随笔,竟成为今日岐澳古道上几乎唯一确切留存的载有名人足迹的史料见证。

林则徐的此次巡阅仅在澳门逗留了不到半天,却是"番乐齐奏"、礼炮齐鸣,澳门全城"无论男妇,皆倚窗填衢而观"。林则徐前往澳门所经由的岐澳古道上,居住在香山县古鹤村(今中山)、翠微村(今珠海)等地的村民闻讯在沿途搭起精美牌楼,又摆上香案、鲜花,夹道欢迎这位"林大人",一时被引为佳话。

林则徐日记中所提到的雍陌村,正是近代启蒙思想家郑观应的故乡;他所说的"郑氏祠",也即郑观应家族的宗祠。此外,在今岐澳古道五桂山段云迳寺茶亭遗址附近,立有"许真君格言"石碑,该茶亭也被认为与郑观应有关。

岐澳古道在历史舞台上的诞生及隐退,始终与大香山地区古往今来的地理地貌、发展更迭相伴随。

史料记载,当时由香山县城出发,经岐澳古道南干大道,一日便可抵达澳门,因而促成了沿线极频繁的原始商贸往来。众多失去土地的农民或生计无着者,天不亮就担上瓜果蔬菜从石岐出发,翻越70公里的险山峻途,徒步丈量至澳门关闸,用贩卖农产品所获之银钱,购置紧缺的火柴、蜡烛等,带回香山县城出售,往复行走,以维持生计。从1860年岐澳古道建成,直至1936年岐关公路全线通车,岐澳古道由此渐淡出历史舞台。在长达大半个世纪中,香山、四邑乃至整个岭南地区的百姓在这条古道上络绎不绝、跋涉往来。这是一条可以载入中华民族史册的驿道,它接古通今、"又美又仙",今日的沧桑落寞,并不能泯灭她的过往，在其生命力最为旺盛的时期，也书写了香山人一段颇为艰苦的岁月。

清人吴兴祚曾作长诗："岭外云深抹翠微，翠微村外落花飞。负贩纷纷多估客，辛苦言从澳里归。"描写的便是在翠微村外（今珠海）遇到的由澳门贩货归来的商人，这也从侧面佐证了岐澳古道连通珠海、澳门，如母亲和孩子血脉相连，输送养分的同时也输送着文化传承。

澳门，一直是母亲的七子之一，他有母亲带给他的灵魂的香气。

五、改革开放的弄潮儿

信步走在拱北口岸广场上,看人头攒动,人流如涌,"珠海经济特区好"七个大字熠熠生辉,端正威严,见证着珠海在"改革开放"中完成的一份答卷,也是改革开放史上"勇立潮头、破冰开局"的壮丽一页。

春去春回,岁月如梭。40年前,历史选中了珠海。

党和国家做出"设立经济特区"的重大决策,让这座曾经落后的边陲小镇扛起前所未有的历史重任。

一代代珠海人发扬"敢闯敢试、敢为人先、埋头苦干"的特区精神,逢山开路,遇水架桥,用青春、汗水和热血为经济特区建设作贡献,沐浴着改革开

▲ 拱北口岸

放的春风,珠海经济特区走出了一条不平凡的发展之路。改革开放是经济特区的根和魂,是特区安身立命之本。

艰苦奋斗,不辱使命。40年来,珠海经济特区以中国窗口的形象,展示了披荆斩棘、敢为人先的豪迈气概,展示了开放引领、创新驱动的蓬勃生机,展示了中国走进新时代的磅礴力量和强大自信。

翻开珠海经济特区40年的成绩单,沉甸甸、金灿灿的:开创科技重奖先河,开办全国第一家"三来一补"企业——香洲毛纺厂,开办全国第一家中外合资酒店——石景山酒店,创建全国第一个跨境工业区——珠澳跨境工业区,在全国率先实现12年免费教育……

20世纪80年代,邓小平提出"科学技术是第一生产力",此后,各级领导也逐渐认识到科技工作的重要性。1991年初,在北京召开全国人民代表大会期间,时任珠海市委书记的梁广大同志在会见外商时就提出,他准备重奖科技人才。

举世瞩目的珠海科技重奖是经过邓小平同志当面首肯的国内首项科技重奖,首开国内"科技重奖"的先河,以注重科技成果、奖励十分丰厚闻名于世。该奖项是在1991—2000年间,珠海市委、市政府为了更好地推进经济与科技的结合,有力地吸引更多的人才和科研成果,加速科技成果的商品化和产业化,决定对珠海市有突出贡献的科技人员实施的奖励。

科技重奖之下,珠海涌现出大批科技人才,珠海经济特区生物化学制药厂的迟斌元凭"凝血酶"项目获得首届科技重奖"特等奖";丽珠医药集团有限公司推出的"丽珠得乐冲剂"项目,徐庆中、陈章谋、苏云驰、邓泽庭、徐孝先集体荣获特等奖;据统计科技重奖创立评选期间,共出现以下首席获奖者:迟斌元(1991年)、沈定兴(1991年)、徐庆中(1991年)、殷步九(1992年)、游景玉(1992年)、史玉柱(1992年)、余卫东(1993年)、陈利浩(1993年)、求伯君(1994年)、杨章汉(1994年)、路东文(1995年)、赵玉成(1995年)、孙惟谷(1997年)、赵万立(1997年)、丁公才(1999

年)、诸建中(2000年)、周忠国(2000年)、金述强(2000年)。

"科技重奖"已经完美地完成了她的历史使命。2020年设立的"创新珠海"科学技术奖打造了新的历史时期独具珠海特色的社会科技奖励体系,4年来共评选出近百个创新水平高、经济效益好、社会影响大的科技创新成果。翻开获奖名单,获奖项目涵盖电子信息、生物医药、先进制造、新材料与新能源等,一批面向产业发展重大需求的关键核心技术取得了突破。

难能可贵的是,珠海在推动经济社会高速发展的同时,保持了良好的生态环境,留住了蓝天白云、青山绿水,塑造了山海相拥、陆岛相望的特色城市风貌。十指相扣,山海相依,一路走到灯火阑珊处,到情侣路上走一走,已经成为天下有情人心驰神往的一场旅行;日月贝白日素净而缄默,一到夜晚就散发出魅惑闪烁的七彩光芒,照彻海面;港珠澳大桥有如玉带般绕水的温柔,也有一路向前、无惧山海的气概……珠海的美景说不尽,因为珠海已经一步一景,一步一流连,珠海人民正是一笔一笔画出这些景致的"艺术家"。

改革开放的"弄潮儿"正在更广阔的天海之间,书写着新世纪新篇章,以势不可当之态,展现在新的历史进程中。他们并没有沉迷于自己的优异"作品",也没有停滞不前,而是在践行新发展理念中实现了新跨越。40年后的今天,历史再一次选中了珠海。

珠海坚持开放发展,不断丰富对外开放内涵,提高对外开放水平,形成了深度融合的互利合作格局,深化珠港澳合作,推动横琴自贸试验区建设再上新台阶。

我们走在珠海这片崭新而古老的土地上,时时能感受到意气风发的珠海人,勇往直前的劲头,现在的珠海人,已经融入了大量的外地人,他们有胆有识,通过了自身和珠海的双向选择,分布在科技、教育、商业、服务业等多个领域,珠海为这些新生力量的加入敞开温暖的怀抱。

在珠海,很难听到"排外"事件和言论,正是这样包容、博大的格局以及珠海这座城市的广阔发展前景,为珠海吸引了全国大量的人才,他们一出场,就是"弄潮儿"的姿态、"弄潮儿"的来势!

珠海市委领导掷地有声:"一代人有一代人的使命,特区的接力棒交到了我们手中,必须按照习近平总书记要求,在更高起点、更高层次、更高目标上推进改革开放再出发。"

习近平总书记10年间到横琴多达4次。可以说,横琴的每一步发展,都倾注着总书记的深情关怀。2019年12月,在澳门回归祖国20周年之际,习近平总书记对澳门和珠海提出殷切希望:"当前,特别要做好珠澳合作开发横琴这篇文章,为澳门长远发展开辟广阔空间、注入新动力。"

一步一个脚印,踏实、沉稳、坚毅地从国家级新区、自贸片区,再到粤澳深度合作区,"改革开放"的弄潮儿继续在横琴这片用汗水、激情、智慧开发的沃土上,用一项项发展成就,不断彰显着国家战略的高瞻远瞩、珠海经济特区的使命担当,开拓进取,一往无前。相信这"改革开放"的弄潮儿,已经在经济特区发展史上留下了风姿绰约的一笔,接下来一定能奋力续写更多新时代"春天的故事"。

六、大湾区人

"有人说我是澳门人,有人说我是香港人,我会说我是大湾区人。"在全国政协十四届一次会议第二场"委员通道"上,全国政协委员何超琼女士如是说。

"我是大湾区人"是何超琼女士对这个身份的认可和强调。首先是文化的认同,共同文化底色之上,从"澳门人""香港人"到"大湾区人"的措辞变化,折射出"大湾区人"更深层次的身份价值。

粤港澳大湾区地理条件优越,"三面环山,三江汇聚",具有漫长海岸线、良好港口群、广阔海域面。我们通过走访大湾区的很多城市,觉得应该让发展的数据来说话,截至2023年12月,粤港澳大湾区常住人口达8687.70万人。正如何超琼女士所说,她从这些数据中,看到了庞大的市场、丰厚的人力资源以及无限的发展潜力。

作为一个在大湾区旅居多年的人,我深有体会,"大湾区人"的概念已经深入民心、深得民心。同饮一江水的粤港澳,同属岭南文化的核心区域,文化接近、风俗习惯相通,饮早茶、睇粤剧、行花街种种岭南文化细节,早就融入了大湾区人的日常。

今年,是"粤港澳大湾区"被连续写进政府工作报告的第八年,也是《粤港澳大湾区发展规划纲要》正式发布实施五周年。八年的时光里,随着基础设施"硬联通"日趋完善,大湾区"一小时生活圈"基本形成,粤港澳三地居民交往交融全面提速,粤港澳大湾区建设一步步从蓝图变成了实景。

其实早在明清时期，珠三角湾区就是一个城市，广州、深圳、香港、澳门、东莞、佛山、中山、珠海、江门都是同一座城市，这个城市就叫广州府。自设立以来，经济发达、商贸繁荣、文教鼎盛，是广府文化的核心地带和兴盛之地。也就是基于这个历史之鉴，才有了后来的"粤港澳大湾区"。

推进粤港澳大湾区建设，是以习近平同志为核心的党中央作出的重大决策，是习近平总书记亲自谋划、亲自部署、亲自推动的国家战略，也是推动"一国两制"事业发展的新实践。在不断发展的过程中，粤港澳大湾区澳珠一极引发关注，港珠澳大桥飞跨三地震撼世界，横琴自贸片区坚守对澳合作初心实现跨越式发展。

从蕉林绿野的边陲海岛，到高楼林立的开发热岛，横琴发生了翻天覆地的变化。横琴与澳门一江之隔，距离最近处只有187米，总面积是澳门的三倍。几十年前，澳门的繁华与富足，曾吸引着横琴岛上的村民过去谋生。而今，随着琴澳越走越近，不少澳门人将目光投向横琴，许多澳门居民来此安居乐业，越

▲ 横琴CBD建筑俯拍

▲ 港珠澳大桥

来越多的"新横琴人"为横琴粤澳深度合作区建设注入新活力，他们是大湾区人中不可小觑的后备力量。数据显示，截至2024年2月底，在合作区生活居住的澳门居民达15595人，就业的澳门居民近5000人。琴澳一体化不断提档，"居住在澳门、工作在横琴"和"科研在澳门、转化在横琴"的人才协同新模式得以实现。

珠海市举全市之力把横琴打造为具有中国特色、结合"两制"优势的高水平开放区，这是珠澳合作开发横琴、把具有澳门特色的"一国两制"成功实践不断向前推进的重大命题，在支持澳门、拓展澳门中带动珠海经济特区"二次创业"，加快发展。

在历史上分分合合的珠海人、香山人、中山人、澳门人犹如溪流、江河汇入大海，现在统一成为"粤港澳大湾区"人。时间的推移与空间的变迁，并未能将他们分裂和疏远，他们同是南越先人的子孙，现在也同是伟大的中华民族不可分割的一部分。

一座跨海大桥，粤港澳三地如血脉交织汇通在大海之上，在全世界的注目下，大湾区人迎来了前所未有的区域融合，相信不久的将来，大湾区经济、文化，都将迎来快速发展并形成新的发展体系，并跻身世界几大湾区经济前列。

来大湾区走一走，亲身感受一下大湾区人的心潮澎湃：风好正是扬帆时，奋楫逐浪天地宽。回望大湾区这片土地，被侵略过、被殖民过、被分割过，今天的大湾区概念又把这些土地、海岸黏合成一体，让她以前所未有的生命力，蓬勃发展，开枝散叶，一树参天。

第二辑

历史风云

本辑主要以非虚构、旅游散文形式探访古迹，撰写中国近现代史上10位珠海人物，以革命活动、政治运动为主轴线，铺开历史事件和人物史实，通过造访人物故居、查阅档案资料、阅读人物传记、搜集民间传说等方式，以多视角与每一个人物进行深邃的"接触"，在人物血肉丰满地鲜活于历史资料之上的同时，客观讲述由这些人物所展现的家国往事、历史风云。

一、文武兼资的民初政要蔡廷干

(今珠海市香洲区金鼎镇上栅村人)

蔡廷干（1861—1935年），晚清著名外交家、军事家和文学家，香山县上恭都上栅村人（今珠海市香洲区金鼎镇上栅村人）。金鼎镇之名得于其地势，周遭群峰环绕，固若金汤，历史悠久，有很多古建筑留存，依稀可见历史上曾经有过的兴亡盛衰。

晚清中国留美幼童之举，对中国近代史影响甚巨，珠海近代史上那些闪耀璀璨星光的人物很多出于此，其中就有从上栅村走出来的复合型人才蔡廷干。

作为第二批赴美幼童之一的蔡廷干，在美国读书开启心智8年之久。1881年清廷强制召回赴美幼童，蔡廷干被分配到大沽水雷学堂，学习有关鱼雷、电机、采矿和测量等课程，先后于北洋舰队、福建水师实习、服役，并参加了中法之战、甲午战争。蔡廷干后来成为袁世凯的重要幕僚，北洋政府时期亦获重用，曾一度短暂出任内阁代总理，达到仕途顶峰。他在晚年退出政界，专事学术。

蔡廷干青壮年的丰富阅历和人生历程，也成为他一生的底色。与唐绍仪的交近，以及他自身的学识素养，使得他在人生的后半段的人际交往圈子，出现太多的中国近代史上的重量级人物。

1895年中日海战中，蔡廷干受伤被俘，后被押送至大阪囚禁。《马关条约》签订后，所有被俘遣返官兵均受革职遣散处分。1901年，袁世凯出任北洋大臣后，不断保奏，因"甲午战事"被革黜的海陆官员次第被恢复原职。蔡廷干经唐绍仪的推荐，为袁收入幕府，日见重用。

蔡廷干成为袁世凯的幕僚之后，以其娴熟的英语辞令和丰富的国际知识渐为袁倚重。当辛亥革命爆发，袁世凯被起用为总理大臣后，立即奏委蔡廷干为"海军部军制司司长补授海军正参"（海军参军长），又授予"三品京堂候补并加二品衔""海军副官"，专责协助袁的一切外事活动。

在后来的中国政治动荡的时局下，蔡廷干被"共和制"和"立宪制"的取向困扰并摇摆。1911年，"武昌首义"成功，黎元洪被推举为革命军都督，各省热烈响应。而袁氏一方面向清廷发誓效忠，另一方面立即派蔡廷干、刘承恩秘密赴武汉会晤黎元洪（黎是蔡氏鱼雷营旧属）进行谈判。这件事很快被蔡廷干的好友、《泰晤士报》驻北京记者乔治·厄内斯特·莫理循所获悉。1911年11月16日莫理循向《泰晤士报》社发送了《蔡廷干上校来访接谈纪录》全文3000余字，报道了蔡廷干讲述他两人去武汉与黎元洪谈判的经过，文中提道："最初蔡氏列举事实认为中国应该实行君主立宪制，但是在与革命党人交谈后就改变主意而赞成共和政制。"

1923年，修订关税工作基本结束，蔡廷干被任命为"整理国内外债务委员会"成员，6月30日被任命为"筹备特别关税会议"委员会主任。1925年10月26日，"国际特别关税会议"在北京召开，蔡廷干、王宠惠等13人组成中国代表团。会议中，诸代表据理力争，使中国获得合理的国际税务工作权益，由于"直奉之战"和北洋政府的人事更迭而暂停。

1926年，杜锡珪内阁成立，蔡廷干担任了外交总长，杜辞职后，蔡一度代理内阁总理一职。在国际关税会议复会时，蔡廷干争得与会国际代表一致同意"中国关税应由中国自主"后，便辞去部分政府工作，只留任"税务督办"一职。

1927年5月，北京政府发生财政恐慌，蔡廷干遂辞职到大连隐居，从此退出政坛，著书立说，自尽其才。蔡廷干在大连时，虽对外界接触仍为频繁，但对日本人多为抵制，对日本领事、商人及在大连度假的日方显要人物的邀请，则断然拒绝。"九一八"事变后，蔡廷干从大连回北平定居。

由于蔡廷干的中国古典文学根底深厚，美国的八年留学中又潜心钻研英文文法，在中英文的造诣极深，而一生中大部分时间都从事涉外工作，在口才、谈吐、词锋各方面表现出老练稳健。晚年他除了不时应清华、燕京两大学的邀请以《中国文学》为题材作客座教授专题讲课外，其余时间便以其熟练深通的英文文法将一批中国古典文学名著用英语译注。其中已经成书的有首次将西方学术手段"索引法"引入中国古籍研究的《老解老》（英语译注老子道德经）及《唐诗英韵》。《唐诗英韵》由芝加哥大学出版社于1932年出版，蔡廷干从1900年开始动笔，直到1930年才完成，是其30年心血的结晶。全书翻译的作品包括39首五言诗和83首七言诗，涉及唐宋两个朝代的作品，全部选自《千家诗》。

两本译本都曾经在"圣路易博览会"展出，获得国际文学界的好评。其他未成书的有英译《阅微草堂笔记》《红楼梦选篇》，在中文方面有《古君子》及《大东诗选》等。由于蔡廷干在文事武功，均有卓越的成就，是以在当时社会中被冠以"儒将"之称。

1935年9月20日，蔡廷干病逝于北平。

一代"儒将"，生于没落之朝，长于乱世之秋，业于"共和""立宪"之间，却能在学术上仍有较高造诣，令后人仰望。

二、民国首任内阁总理唐绍仪

（今珠海市香洲区唐家湾镇唐家村人）

唐绍仪（1862—1938年），清末民初著名政治活动家、外交家，香山唐家乡人（今珠海唐家村人）。辛亥革命爆发后担任南北议和的北方代表，后加入同盟会并成为民国第一任内阁总理。1912年6月辞职寓居上海数年，反对袁世凯称帝；1931年3月出任中山县县长；1938年上海沦陷后，被军统特刺杀于家中。

到珠海来，唐绍仪故居是必访之地，从他的故居起笔，也是追溯他传奇一生的不二选择。若没有指示牌引导，很难在众多的老宅院里认出唐公的故居：唐家古镇山房路99号。由于高温潮湿的气候，这一带所有的灰砖墙都被霉化，长满绿苔，乌瓦也褪色，檐上的琉璃绿多处斑驳。

走进寂寥中的院落，仿佛一下子被拉回了民国旧时光，唐绍仪自少年赴美留学归来后，曾于1910年、1914年、1921年、1929—1934年间4次回故乡居住过，并修建私家园林小玲珑山馆（共乐园）和别墅望慈山房，现在这些建筑各作他用，但是每一处都可以寻到当年留痕，让人不禁想打开这些时间的密码，回顾他们传奇的主人——唐绍仪，中国近代史首任民国总理。

幼年的唐绍仪在1874年经清政府选派为第三批幼童赴美留学，考入哥伦比亚大学文科，直至1881年清廷强制召回赴美幼童。1882年，唐绍仪被派往朝鲜，此后结识了驻朝鲜会办军务的袁世凯并成为挚友。1901年，袁世凯任直隶总督，任命其为天津海关道。

追溯唐绍仪一生，数次担任要职，在其重要的政绩之中，有几件事因为他的立场和参与，促使历史事件向好发展甚至是扭转乾坤。

其一，1904年，清政府任唐绍仪为全权议约大臣，赴印度与英国代表谈判西藏有关问题。会谈期间，唐绍仪态度强硬，力主废除英藏签订的《拉萨条约》。会上虽未能完成废约目标，但说服了弗利夏把唐绍仪的讲话带给英方，唐绍仪初步胜利，挫败了英国分裂西藏的阴谋。1906年4月27日，经过几番激烈谈判，最终唐绍仪和萨道义代表中英两国政府，签订了《中英续订藏印条约》，废除了《拉萨条约》，使英政府承认西藏是中国的一个地方政府，属于中国领土。唐绍仪在"西藏问题"谈判中的成就，使他晋升为外务部右侍郎。此后，唐绍仪参与主持中日、中俄关于东北问题的谈判，在客观条件十分不利的情况下，他力争避免损失过多的权益，抑制了日本在东北扩张侵略的野心，并完全拒绝了俄国企图保留在东北利益的要求。

其二，1912年，唐绍仪出任中华民国第一任内阁总理，为清帝退位与民国共和体制的建立作出过重大贡献。

其三，唐绍仪任职过程中因与袁世凯政见不合而辞职，才有其后1915年，他曾致电袁世凯，反对复辟帝制。历史曾经留下这样的细节，袁世凯的幕僚写信给《泰晤士报》记者莫里循："唐绍仪昨天晚上在铁路卧车四号房中剪了辫子。"作为朝廷命官的唐绍仪不着官服，而是一身西人装束，抵达上海。可见他一直心怀"共和理想"，他的议和的指导思想是"清廷不足保全，而共和应当推动"。

1929年，唐绍仪回到故乡，就任中山县训政实施委员会主席。在就职词中，他表示要用25年的时间，"将中山县建设成为全国各县的模范"。1931年，唐绍仪以训委会主席兼任中山县县长，他为政清廉，革除官吏衙门陋习，并微服察访，及时解决一些实际问题，有"布衣县长"之称。头发早已斑白的唐绍仪内心波澜远未尽：建大港口，修大铁路，振兴中华先从振兴国货启航。

1934年10月23日，县府机关迁回石岐。中山模范县建设计划终止，唐绍仪造福桑梓、振兴岭南的梦想破灭，唐绍仪数年心血付诸东流。离乱的时世，激荡的风云，随时毁灭刚发芽的新生事物。孤独的翠丹亭不再流彩，历史的聚光

◀ 1930年唐绍仪邀请飞行队专门拍摄的唐家村全貌

灯离唐绍仪越来越远，他的背影越来越模糊。

1938年，日本军队侵占上海、南京后，企图利用唐绍仪作傀儡，但他始终不答复。9月30日，唐绍仪在上海寓所被国民党军统特务刺杀。

如今站在这人去楼空的故居，能想象当年他被刺杀的噩耗传来，天下人的错愕与百感，古董花瓶的诱饵，特制的锋利斧头，理由不充分的"晚年失节"，而国史馆撰写的《唐绍仪传》，称唐绍仪晚年被日本人拉拢，要其充当傀儡，"终不肯出"。

同盟会曾经这样评价："唐绍仪以主张约法上特权之故，不惜以国务员之地位，为保障之代价。吾人闻之，当如何崇仰效法。至其始则委曲求全，继见事不可为，内断于衷，决然断绝葛藤，态度之严正果决，为东西之大政治家实无愧色。"

中华人民共和国成立后，毛泽东同志几次公开用唐绍仪"当了总理再当县长"的例子，来教育干部能上能下："旧社会的一个内阁总理可以去当县长，为什么我们的部长倒不能去当县长？我看那些闹级别升得降不得的人，在这点上还不如这个旧官僚。"（《毛泽东选集》1957年1月18日）

在民间，在唐绍仪的家乡，唐公的一生也是颇受敬仰的，早在1932年任中山模范县县长期间，唐绍仪将小玲珑山馆改名为共乐园，公开赠给唐家乡；现在的望慈山房别墅曾是唐绍仪任中山模范县县长时的办公室，1989年3月3日，唐绍仪的遗孀吴维翘率子女唐楗、唐宝瑢和唐宝珊回故乡时，将望慈山房捐献给唐家镇人民政府作老人活动中心。唐公后人也是继承了他的遗志：天下为公。

抬眼望去，共乐园绿意葱茏，当年因羡"不辞长作岭南人"的潇洒，唐绍仪在园内亲手种植了300余株荔枝树，每当盛夏季节，便在田园别墅前的棚顶下，招待宾客在石台石凳上即摘即食。园中桃花心木、皇后玫瑰沧桑中绽放新蕾；柠檬桉树为梅兰芳亲手栽种；还有一棵日本树种黑松，是孙中山得知唐绍仪建共乐园时特意赠种的。只有这些树木成为故园的见证者和守护者，也是当年跌宕起伏的历史大潮的物证。

感慨万千，绕园数周，回望处，园中有一株浓荫如盖的大榕树，生长在一座2米高的"标志塔"上，被称为"盘石孤榕"，这孤榕不正是唐公的化身吗？志高少同行，曲高无人和，英雄也难免落得抱憾而归。

三、民主革命杰出斗士陈景华

（今珠海市香洲区南屏镇人）

陈景华（1956—1913年），中山市南屏村人（今属珠海市南屏镇人），曾任广东省首任警察厅厅长，也是著名民主革命家，一生叱咤风云、充满传奇色彩。其好友潘达微所写墓碑铭文很好地概括和评价了他的一生："强项之令，猛以济宽。冤同三字，狱等覆盆。盖棺论定，毅力维新。哀我国民，丧此良人。"

陈景华最早做官是知县，1888年中举，先后出任广西贵县、桂平县知县，官名清著。在知县任上，陈景华经常短衣草鞋的打扮，持手枪率差役追捕盗匪；他除暴安良，严惩罪犯，凡是士绅、官员要求"保释"的，他都一概回绝，铁面无私。陈景华对罪犯疾恶如仇，常对罪犯施以杖刑，将犯人杖责至皮开肉绽、两股皆烂，方才罢手。因此，他所治理的县份治安状况迅速好转，陈景华本人也被誉为广西的"治盗能员"。

1903年，陈景华因处决一名有背景的大盗而得罪两广总督，被革职查办。后来，他在弟弟的协助下逃往香港，转赴东南亚华侨的一个重要集居地——暹罗。当时孙中山的革命思想与康、梁的保皇思想进行激烈斗争，陈景华根

▲ 1917年潘达微在《天荒》杂志上介绍陈景华生平事迹

据自己的切身体验，接受孙中山提出的三民主义纲领，投身反清革命，同保皇党斗争，成为一名民主革命的战士，自此走向了光辉的革命历程。

1908年，陈景华与萧佛成在曼谷先后创办《美南日报》《华暹日报》，宣传民主革命。同年11月，孙中山抵达曼谷，创立中国同盟会曼谷分会，定《华暹新报》为分会的机关报，对陈景华十分器重和信任，陈景华也为同盟会作出了很大的贡献：1909年，中国同盟会会员、暹罗侨商马兴顺回到潮州，被保皇派告密入狱，陈景华前往香港展开营救；1910年，陈景华在香港以惠记洋行买办身份从事地下活动，利用洋行信箱，为中国同盟会南方支部建立一个既安全又可靠的通信联络处，同年，刘思复暗杀广东水师提督李准未成而入狱，陈景华参与救援。

1911年10月10日，武昌起义成功，中国同盟会会员潘达微、邓慕韩等通过两广总督张鸣岐向清廷奏请特赦汪精卫与陈景华，让他们回广州主持政局。陈景华策动广东响应，11月9日到广州，以大会主持人身份在当时省咨议局各界代表大会上发言，倡议广东立即宣布独立、脱离清朝统治，欢迎革命党人来组织共和政府，获全场各界代表数千人一致通过。大会推选胡汉民为大都督，胡汉民就任广东省都督后，对陈景华的才干与魄力十分赏识，先后委之以广东省民政部部长与广东省警察厅长的重任。

在任期间，一方面陈景华仍然有当年做知县的干劲，事必躬亲，执法如山，将广东省城的地方治安维持得井井有条，当时的广州警政赏罚分明、公正廉洁。上任后坚决执行军政府的清除赌博、盗匪、黑帮、械斗四害的政策。1912年8月颁发严禁赌博令。是年，军政府下令一年内禁绝鸦片。对各种抢劫、盗窃的罪犯，严加缉捕，明察暗访，亲自审讯判决。

另一方面，陈景华也十分同情下层民众的疾苦，积极执行孙中山解放奴婢、仆役等政策。陈景华严厉查处拐骗青年妇女出洋的案件，严惩案犯，陈景华还在广州的黄大仙祠创立了广东女子教育院，聘请徐宗汉担任院长，收留当时受虐待的婢女、侍妾、童养媳、尼姑、雏妓等无依女子。不仅给她们提供衣食住行，还提供医疗服务，并在院内学习文化技艺，孙中山亲自题写了"广东公立女子教育院义举也，书此为人道主义倡"，以示对陈景华此举的褒奖。就这样，在陈景华的铁腕治理和柔情安抚下，广州城的治安很快有了明显好转。

陈景华反对清朝官吏那种因循拖沓的工作作风，办事雷厉风行，常常亲自办案，很多公文也是自己拟稿，在陈景华的努力和带领下，广东警察厅成为民国初年广东最有办事效率的机构，这种务实、高效的优良作风一直延续下来。

陈景华在建立良好的警察制度方面有很大贡献，是他完善了广东近代警察制度。近代警察制度产生于清朝末年，但是清朝的警政非常腐败，警察维持治安不力，扰民害民之事层出不穷。陈景华设法尽可能改善警察的装备，加强对警察的训练，提高警察的士气，淘汰不合格的警员，明确各级警员职责，完善各项规章制度，引进指纹侦查的科学破案方法，切实加强对警员考察监督，对贪污害民的警察严惩不贷。陈景华经常亲自到各警署、警局、警岗巡查，出于痛恨警察队伍的旧习气，不惜杀一儆百，对查出的贪污害民的警察直接枪决，比如，警长邱松辉只因不买戏票强行入戏院看戏，被陈景华判处死刑处决，在很大程度上震慑了警察为所欲为的狂妄行径。

1913年二次革命爆发后，陈景华坚决拥护孙中山先生，袁世凯因此对陈景华恨之入骨，密令广东军阀龙济光谋杀陈景华。同年9月15日夜，龙济光以中秋赏月为名邀请广东省警察厅厅长陈景华到都督府做客，陈景华刚进都督府，龙济光即向其出示袁世凯的密杀电令。陈景华不予置辩，从容就义。

陈景华牺牲后，身无余财，可见其为官之清廉，也正是因为自己两袖清风、刚正不阿，才敢对贪腐、渎职者从严处置、绝不姑息。

陈景华从任职广东省警察厅厅长到牺牲，前后不到两年的时间里，执法如山，戡乱安良，在广东建立了近代警察制度，成为广东警察史上最具传奇色彩的人物。

四、孙中山原配夫人卢慕贞

（今珠海市香洲区金鼎镇外沙村人）

有的女性因花容月貌，倾国倾城；也有的女性因厚德载物，情动山河，卢慕贞属于后者。卢慕贞（1867—1952年），香山县外坐村人（今属珠海市），中国民主革命先行者孙中山原配夫人。

在珠海市香洲区金鼎镇外沙村，有一条窄窄的横巷。巷中，一高一矮两间并列的青砖灰瓦房，大约100平方米，高的是主房，矮的是厨间。这两间房静静站立在这个日新月异的新时代，络绎不绝的到访者让它那质朴无华的门窗，仿佛流露出些许局促不安；主房门口的墙上挂着一块牌匾，上面有字："孙中山先生原配夫人卢慕贞故居，一九九九年元月重修"。不过，1867年卢慕贞出生时并不在这里，而是在村边的一间老旧的小平屋，这两间约100平方米的瓦房，是卢慕贞父亲在檀香山经商致富之后回家兴建的。

从主房大门进去，门前的四方天井洒下充沛的阳光，仿佛主人叮嘱备好的暖意，给所有来访者；天井过后便是大厅，厅前摆放着一座政府特意为卢慕贞修设的汉白玉纪念雕像；厅内还供奉着卢慕贞母亲的相片，两旁对联云："玉烛辉时皆瑞气，青烟霭处尽祥云。"两边的墙壁上，挂着几幅卢慕贞及家人的合照，其中只有一幅是卢慕贞个人的生活照。照片虽已泛黄，但是仍能辨认出身着唐装大襟衫的卢慕贞，宽阔的额头上，头发整齐地向后挽成一个发髻，面孔丰润，仪态静肃，目光慈祥。

故居，是卢慕贞一生的起点和基调，朴实无华、温和纯良、慈悲谦让。

1867年7月30日，卢慕贞出生于累世积善的书香门第，父卢耀显曾漂洋过海至美国檀香山经商获富，母蔡氏。卢慕贞自小勤快，素以孝敬长辈而闻名乡里，尤擅女红。传统的家教和优秀的品行，使她之后的命运里贵为"国母"又放弃"国母"之位的举动成为一种宿命和必然。

1884年，卢慕贞嫁给孙中山，始终支持他的革命工作，生孙科、孙娫、孙婉一子二女。

在和孙中山结婚后的数年中，尽管孙中山回乡并不多，但每次回家，卢慕贞总为他缝制一套新衣服和鞋袜，婆婆杨太夫人身上的穿戴也多出自卢慕贞之手。在孙中山父亲孙达成病重至逝世的那段日子里，孙中山和大哥孙眉返乡探望父亲，亲眼看到卢慕贞在父亲病榻前，寸步不离，亲奉汤药。卢慕贞与孙中山经过长时期的相互了解，夫妻感情渐生，日渐和睦。

李伯新先生在《默默支持孙中山革命的卢慕贞》一文中，给予卢慕贞夫人很高的评价："卢慕贞是一位具有中国传统女性优良美德的母亲，一手承担养育儿女的责任，又孝顺侍奉家翁家姑，照料妯母程氏生活。一个小脚女人，承担这么多的繁重家务，还为孙中山的革命活动担风险。她使孙中山减少了家庭的后顾之忧，把精神集中到革命事业上"。正是卢慕贞撑起了孙中山的"大后方"，才让他得以全身心投入党国"大事业"，她从来不曾以功高自居。

辛亥革命成功后，1911年12月29日，孙中山被推选为中华民国临时大总统，1912年2月15日，卢慕贞携两女孙娫、孙婉，侄女孙顺霞搭乘英国亚舍号轮船自南洋槟榔屿到上海，受到沪军都督陈其美和中国同盟会会员的热烈欢迎，被誉为"中华民国国母"，下榻沧州别墅。2月20日，卢慕贞母女在邓泽如和孙科的护送下抵达南京，与孙中山先生团聚并造访日本。

1913年2月，袁世凯当政后为了笼络孙中山，特授孙中山筹划全国铁路全权督办，2月11日，孙中山从上海抵日本考察实业、铁路状况和进行筑路借款活动，卢慕贞也携女同往日本。孙中山在日本是受人瞩目的新闻人物，3月12日，《大阪每日新闻》刊登了一张3月10日孙中山抵大阪与欢迎者的合影，报道《孙逸仙氏来大阪访问》。同时还发表了一篇题为《孙逸仙的夫人来访》的报道，详细记述了卢慕贞抵日后的活动及在大阪与孙中山会面的详细情景。

1915年9月，二人在日本办理离婚手续，这是卢慕贞人生的第三阶段，卢慕贞独居澳门，信奉基督教。孙中山曾对她说："你永远是孙家的人，孙科永远是你的儿子。"孙中山在日理万机中，多次写信给卢慕贞，信封上写"卢夫人收"，信内称卢慕贞为"科母"，自己署名"科父"或结婚时的名字"德明"。

离婚后的卢慕贞积极为革命做了很多力所能及之事，参与乡间的兴办学校、救济穷困乡亲等，"孝敬贤淑，闻于乡党"；抗日战争时期，卢慕贞同孙中山的姐姐孙妙茜一起，积极支持抗日斗争，卢慕贞还配合中国共产党领导的珠江纵队在澳门开展抗日民族统一战线工作。

卢慕贞的深情、大义，得天下人赞誉并深得儿女孝悌，1952年9月，86岁的卢慕贞在澳门病逝，其子孙科将其厚葬。她最后的生活地澳门文第士街一号，被后人建成澳门国父纪念馆，这里完好地保存着卢慕贞的一些女红旧物，针脚细密，纹理清晰，每一件都在诉说当时飞针走线的女子，一腔似水柔情。民族、家国的水深火热，人生的变故与不测，都在一针一线中得以排遣和诠释。

五、近代中国妇女解放运动先驱徐宗汉

（今珠海市香洲区拱北街道北岭村人）

徐宗汉（1876—1944年），拱北北岭村人，被称为辛亥女杰，家乡珠海市在纪念辛亥革命100周年之际，评选她为"百年最具影响力珠海女性"。在珠海市北岭村徐氏宗祠内，进门右墙上有徐宗汉的照片和事迹简介，足见徐宗汉的社会影响力和在家族的地位。

1877年，徐宗汉生于上海，是徐氏家族的第三代。她生长在这样一个富裕又民主的家庭环境里，从小接受西方文化的熏陶，思想上较少封建羁绊，如自由自在的花朵向阳而生，充满旺盛的生命力和开放进取的精神。

徐宗汉18岁时，由父母做主，被许配给两广总督洋务委员李庆春的次子李晋一为妻，生有一女一子，几年后，李晋一病逝，徐宗汉并没有悲切守寡，而是毅然脱离家庭，投入民主革命的洪流中去。

徐宗汉年轻时就很关心国家和民族的命运，经常外出参加社会上的进步活动。1901—1902年间，在广州女医师张竹君所设的福音堂里，徐宗汉经常参加两广志士胡汉民、马君武等人的每周聚会，或议论时政，鼓吹新学。

1906年，徐宗汉应二姐徐佩瑶的邀请，到马来西亚半岛的槟榔屿协助侨校教

▲ 1911年，徐宗汉（右二）组建广东北伐炸弹队，自任队长

学。这年8月,孙中山委托新加坡华侨陈楚楠、林义顺等在槟榔屿筹建槟城的同盟会分会,由爱国华侨吴世荣出任会长,黄金庆为财政员。这时,徐宗汉"闻而善之,亟投身为会员"。

1911年3月,孙中山、黄兴在广州策划武装起义。起义前,徐宗汉率同一批亲友,其中有其侄儿李应生、李沛基和女友庄汉翘等,在香港摆花街同盟会机关里制造炸弹,并将起义需用的枪械弹药秘密运到广州的溪峡。她们以溪峡的一间颜料商行为铺面,门外贴上大红对联,假装娶亲办喜事,将武器弹药分别运到小东营各起义点。这天,由徐宗汉扮作主妇,卓国华扮作新娘,热热闹闹地"乘坐花轿,身穿红袍",轿内"尽是大小炸弹之类"和当晚起义所需的武器。大姐徐慕兰也在组织接应等方面做了周密的布置,出色完成这次"明办嫁妆、暗运军械"的任务。

1911年4月27日,广州起义爆发。黄兴率敢死队进攻两广督府,与清军血战,身负重伤,脱险后回到溪峡机关,正好遇见徐宗汉,徐宗汉急忙为其包扎伤口。4月29日,徐宗汉为黄兴改装,避过清兵盘查,与张竹君一起护送黄兴乘船到香港,进入雅丽氏医院治疗。医师在为黄兴动手术前,须经其家属签字,徐宗汉在张竹君怂恿下,以妻子名义签字,手术后又尽心照顾。黄兴与徐宗汉两人志同道合,从此成为革命夫妻。

黄兴出院后与胡汉民等移居九龙,在香港组织"东方暗杀团",策划暗杀广东水师提督李准、新任广州将军凤山,以配合武昌起义。徐宗汉与李应生、李沛基兄弟等积极参与其事。1911年10月10日,武昌提前起义并获成功。黄兴接宋教仁急电,一周后由徐宗汉等陪同离港赴沪,前往武昌指挥革命军战斗。这时沪、宁及沿江口岸尚未光复,清军查验极严,难以通行。他们到上海后,徐宗汉求助于在上海开设医院的张竹君。张竹君立即出面组成开往武汉战地的红十字救伤队,黄兴扮作医疗员,徐宗汉扮成护士,随行的还有宋教仁、陈果夫等。他们于10月28日到达武汉参加指挥战斗。

徐宗汉到武汉后,冒着炮火投入救护伤兵,并协助张竹君在汉阳设立临时医院。1911年11月27日,清军反攻,汉阳失守,长江被清军封锁。徐宗汉与张竹君借红十字会的渡船,冒险护送黄兴从汉阳渡江到武昌。这时,上海已光复,江浙革命联军正进攻南京,催促黄兴前来主持大局。第二天,黄兴即与徐宗汉等离开武昌到上海。随着南京的光复和孙中山的回国,12月31日,徐宗汉随黄兴到达南京,参与筹建中华民国临时政府的工作。

徐宗汉在辛亥革命时期智勇双全的出色表现就已经得"辛亥女杰"之名,后与黄兴的结合,让她以黄兴夫人的名义又为两党合作、抗日战争作出了重要贡献。

1927年,国民革命军北伐攻克南京,徐宗汉又去接办她于1912年创建的贫儿教养院,将全部精力投入到解决数百贫苦儿童的温饱与教育问题。她还在安徽创办了一所农场,作为贫儿劳动的实践场地。1931年,为了筹措贫儿教养院的经费,她不顾自己体弱多病,远涉重洋,赴美国向华侨募捐。时"九一八"事变发生,日本帝国主义侵略东北三省,为了救亡图存的迫切需要,她把为贫儿募捐扩大到为东北义勇军募捐,为收复东北而奔走呼唤。随后,她又去墨西哥、巴西、古巴、秘鲁等国向各地华侨募捐,疾病染身仍四处奔波,几致不起。她向华侨演讲,激昂慷慨,声泪俱下,表现出真挚的爱国情感,华侨们深为感动而踊跃捐资。她以个人名义,募捐到一架价值2000美元的教练机,让人带回祖国作为航空学校教学之用,以弘扬孙中山"航空救国"精神,激励国人为航空事业献身,奋勇抗日。

1940年,徐宗汉移居重庆。她对中国共产党领导下的八路军、新四军的英勇抗日由衷地表示赞佩,同时对国民党政府的腐败无能,表示愤恨和谴责。在重庆期间,她经常接触到中国共产党的领导人和一些爱国进步人士,与周恩来、董必武、邓颖超常有往来。她真诚爱国、坚持革命和不断追求进步的思想行动,博得中国共产党和社会进步力量的高度评价。

她在辛亥革命、抗日战争、解放战争各个时期,公益、女权女学各个领域,都作出了自己的贡献,不愧为"近代中国妇女解放运动的先驱"之历史功名。

六、中国共产党早期重要领导人苏兆征

（今珠海市香洲区唐家湾镇淇澳村人）

淇澳岛位于珠海市东北方向，离市区约20公里，有大桥与大陆相连，交通便利。在这个面积20平方公里的小岛上，除了有珠三角最大的红树林、景色优美的"九湾十八峰"，还有一个规模不到2000人的淇澳村，这里不仅历史悠久、人文资源丰富、文化气息浓厚，还是东方第一个苏维埃主席苏兆征的故里。

苏兆征（1885—1929年），香山县（今珠海市）人，中国早期工人运动的领袖和中国共产党早期重要领导人，发动、组织了香港海员大罢工与省港大罢工。

淇澳村非常安静、整洁，从墙头垂挂下的凌霄和紫薇令行人悦目。1833年和1836年，英美商人来犯，英勇的淇澳人民将其击退并获得3000两白银的赔偿。村口搭建牌楼一座，上书对联两副："四载阴霾一朝扫尽，山河永固日月重光""淇澳未沦亡，拔剑请缨同杀敌；英军寻死路，丢盔弃甲把命逃"。在这样的历史氛围里，出现苏兆征这样的革命人物应该是一种必然。

苏兆征个人的革命史，可用"壮丽"二字来总结，他在当时的影响到底有多大呢？他一生中，有过两个重要的职位：省港大罢工委员会委员长和苏维埃政府主席，而两个职位都是缺席当

▲ 苏兆征

049

选的，足见他在工人和革命队伍中的声望。

苏兆征原名苏吉，幼时因为家境困窘，只读过3年私塾，后辍学务农。1903年，18岁的苏兆征被迫离乡到香港，经人介绍在一艘外国轮船上做杂役，由此开启了他十几年的海员生涯。作为海员，苏兆征随船到过符拉迪沃斯托克等地，并在那里接触到关于俄国十月革命的报刊与书籍，通过学习马克思主义的革命理论，他逐渐认识到革命的意义——"只有社会主义的革命，才能完成人类的彻底解放"。

1908年，苏兆征参加同盟会，积极参与反对清朝统治的活动；1921年3月，苏兆征与林伟民等组建中华海员工业联合总会；1922年1月，苏兆征参与领导香港海员大罢工，任罢工总办事处总务部主任、海员工会代理会长等职；1925年3月，苏兆征加入中国共产党。同年6月，广州和香港爆发了规模空前的省港大罢工。苏兆征和邓中夏等到香港组织罢工，被推选为罢工委员会委员长。

1927年春，苏兆征到达武汉，代表中国共产党参加武汉国民政府，任国民政府委员兼劳工部部长。同年4月，苏兆征在武汉参加了中国共产党第五次全国代表大会，并当选为中共中央委员和中央政治局候补委员。苏兆征在上海与张太雷等制定广州起义的总计划和训令。同年12月广州起义，苏兆征虽不在广州，仍当选为广州工农民主政府的主席。

1928年2月，苏兆征在上海主持召开全国总工会执行委员会扩大会议，讨论赤色工会扩大与组织问题，并被推选为中华全国总工会出席赤色职工国际第四次代表大会的代表。

苏兆征因积劳成疾，病倒在苏联。1929年1月，苏兆征抱病回国。2月，苏兆征因为手术过程中发生细菌感染，病逝于上海。

沿着白石街一路前行，街道旁都是朴素的民居，偶尔能见到有些历史的老旧房屋，房檐下镶嵌着一长排的雕花檐板，其上的纹饰被风雨和岁月侵蚀，精美的图案已变得模糊不清了；而脚下街面的长条石板，由于岛上渔民长年的赤脚行走，打磨得光亮圆滑，在黄昏霞光的映照下，发出琥珀般温润的光芒。一

▲ 白石街

▲ 苏兆征故居陈列馆

直走到街尾，见到一座重新修饰得干净雅致的小屋，从门口的匾额可知，这里就是苏兆征的故居。

整个小屋不大，外观与周边民居相似，可见苏家当年并不富裕。这座砖瓦平房住宅，是由苏兆征的祖父建于清道光年间，占地面积100平方米，建筑面积共68平方米。小屋的院墙还是珠三角地区以前常见的蚝壳墙。大部分蚝壳是陈旧的灰黑色，表明院墙已经有些历史了；而斜上角那些较为新净的蚝壳又表明，院墙曾经残损，近期才经过精心修补。

从"奥莱坞影视基地"大门登上山顶，可以眺望淇澳村的全景。山的另一侧则是宽阔的淇澳湾，海面上渔舟点点。山顶还有一座望海观音像，守护着脚下这座美丽安宁的小岛。

一人、一村、一岛，都已经被编好了程序一样，淇澳岛没有成为大规模开发的别墅度假区，却很好地保持了它的原生态；"文化生态旅游岛"的定位，让这里曾被开发破坏的山地和红树林得以恢复，成为珠三角一座美丽的绿岛；苏兆征的生命定格在激流和高光之中，这也许就是他出现在历史舞台上的所有使命。

七、中国工人运动先驱林伟民

(今珠海市金湾区三灶镇人)

盛夏，珠海迎来滨海游旺季，络绎不绝的游客从珠海金湾机场走出，所在的三灶镇，斑斓的海岸线是珠海给人们的初印象。三灶镇鱼月村，在茂密的山林与黄金海岸线之间，村庄与大海相依，人们与鱼为伴。

游客感慨："在鱼月村，乡村风光与城市景观交相辉映。"伟民广场这里矗立着一尊高大的人物铜像，他右手拄杖，左手插兜，西服外套随风向后扬起，英姿飒爽的他，将坚定有神的目光投向远方，这就是我国早期工人运动领袖林伟民。

林伟民（1887—1927年），出生于香山县三灶岛西洋田村（今珠海市金湾区三灶镇鱼月村）。家境贫寒的他，自小跟随父亲垦荒种地、下海捕鱼，长大后当过搬运工、车夫、建筑工，成年后在香港一艘外国轮船上当"侍仔"，开启海员生涯，这也成为他放眼看世界、成长为一名卓越的工人运动领袖的起点。

做海员期间，林伟民在轮船厨房里洗碗刷碟、端菜送饭、洗刷地板等，每天要连续工作十六七个小时，月工资却不满10元，还要被包工头盘剥。深受歧视与压迫的生活渐渐加深了林伟民对帝国主义和封建主义的仇恨。

林伟民随船航行于世界各港口，有幸认识了孙中山，并积极协助革命党人运送宣传资料、军火物资，支援武装起义。1917年，十月革命一声炮响，为中国送来了马克思主义，也鼓舞了林伟民和海员同事们，他们憧憬着祖国也能迎来自由解放的日子。

1920年，苏兆征领导海员进行了一场反虐待斗争，并取得胜利。这让苏兆征、林伟民等人认识到，只有进一步团结和组织广大工人，才能取得更大的胜利。在他们的推动下，1921年3月6日，中华海员工业联合总会（后称"香港海员工会"）于香港成立，林伟民当选香港海员工会第一届干事会干事。

自1921年9月起，香港海员工会带领海员工人先后3次向轮船资本家提出增加工资、改善待遇及反对包工剥削等要求，但资本家置之不理。海员工人忍无可忍，在苏兆征、林伟民等骨干分子带领下，于1922年1月12日举行了震惊中外的香港海员大罢工。

罢工让停泊在香港海面上的100多艘轮船无法动弹，香港日常肉类、蔬菜等来源几乎断绝。香港当局惊呼该罢工"陷本殖民地生命于危险之境"。最终，香港当局和外国轮船资本家被迫接受海员工人的各项条件，林伟民等4人代表罢工海员与对方共同在协议上签字。

林伟民就这样从普通海员觉醒为工人运动组织者。中国的工人运动从此

▲ 林伟民与中国早期工人运动史迹陈列馆

◀ 1922年3月7日，群众集会庆祝香港海员大罢工胜利

"拨开云雾见天日，守得云开见月明"。

1922年5月1日，第一次全国劳动大会在广州举行。林伟民、苏兆征等代表香港海员工会出席大会，并向代表们介绍了海员罢工的经过，引起参会代表的关注与赞扬。会后，受香港海员工会的委托，林伟民与上海海员朱宝庭一道前往上海，领导上海海员成立中华海员工业联合总会上海支部，并开展增加工资、改善待遇的斗争。

1924年春天，赤色职工国际运输工人代表大会在莫斯科召开，林伟民代表香港海员工会参加。其间，他前往莫斯科东方劳动者共产主义大学，同中共旅莫支部负责人罗亦农及中国学员相见，并作了关于"实行罢工、与帝国主义和反动派进行斗争问题"的报告。

林伟民的演讲热情洋溢、风趣生动，博得学员们的一致赞赏。后经罗亦农介绍，林伟民在莫斯科加入中国共产党。1924年秋天，林伟民返回广东，担任中华海员工业联合总会广州总办事处主任，负责海员工运和运输系统工会统一运动，整顿和健全工会组织。在此期间，他还支持和带领广州盐船运输工人进行罢工斗争，最终迫使盐商接受工人们增加运费的要求。

1925年5月1日，第二次全国劳动大会在广州举行，在广大工人群众中享有崇高威望的林伟民当选为中华全国总工会第一届委员会委员长。

同年，五卅惨案发生，为支援上海人民的反帝爱国运动，香港和广州工人举行了震惊中外的省港大罢工。罢工初期，林伟民亲自领导主持了一系列会议和其他活动，对建立罢工组织机构、开展各项斗争起到一定作用。

早在1924年，林伟民便被确诊为骨结核病。此后因省港大罢工相关工作繁重，林伟民辛劳过度，旧病复发，不得不住院治疗。在1926年召开的第三次全国劳动大会上，林伟民虽因病未能出席，但仍被推举为执行委员会委员。

"四一五"反革命政变发生后，广州城内形势愈发凶险，林伟民病情也继续恶化。面对同志们的关心，他十分镇静地说："要是敌人下毒手，我要跟他们拼一场！"此时党组织已无法从经济上接济林伟民，许多盐船工人不顾自身安危，自发组织捐款维持他的治疗。

历经三次手术，林伟民终因医治无效，于1927年9月1日病逝，年仅40岁。林伟民去世后，仍是盐船工人冒着生命危险，集资收殓了他的遗体。中华人民共和国成立后，他的遗骨被移葬至广州银河革命烈士公墓，并立碑永志。

漫步在鱼月村，曾经残破的墙壁不见踪影，取而代之的是图文并茂、直观生动、通俗易懂的"文化墙"。灿烂的晚霞、灵动的仙鹤被绘制在墙上，扮靓这座"全国文明村"，此情此景，应能告慰先驱。

八、华南地区马克思主义传播先驱杨匏安

（今珠海市香洲区南屏镇北山村人）

英雄之躯，生于珠海北山；烈士之骨，埋于上海龙华，他用35岁英年点燃华南第一团星火。在陈列馆，能看到他的雕像，清瘦单薄之身，却呈大义凛然之气概，一支永远的烟斗，一袭飘逸的衣衫，他用生命验证了那一句：形同草木之脆，名逾金石之坚。

"慷慨登车去，相期一节全。残生无可恋，大敌正当前。知止穷张俭，迟行笑褚渊。从兹分手别，对视莫潸然。"1931年8月4日，年仅35岁的杨匏安在上海英勇就义，临刑前夕，他写下这首千古不朽的诗篇《示难友》。

从这首就义诗里，可以追忆杨匏安短暂而伟大的一生。

杨匏安（1886—1931年），出生于香山县南屏乡（今属珠海市）北山村一个破落的茶商家庭。1911年，杨匏安赴日求学，并开始接触马克思主义的日文译著。1919年五四运动爆发后，杨匏安深受鼓舞，发表了不少散文、小说、诗词和译作，并最终选择了马克思主义。他认定只有马克思主义才能救中国，称马克思主义为唯一的"科学社会主义"。1919年7月，杨匏安发表《世界学说》，介绍马克思主义。在杨匏安众多介绍马克思主义的文章中，篇幅最长且影响深远的当属《马克思主义》一文。这篇文章从1919年11月11日发表至12月4日，前后陆续登载19天，与李大钊的著名文章《我的马克思

▲ 杨匏安

主义观》下半篇同时问世。杨匏安因此被称为"华南地区传播马克思主义的第一人"。

哲学家萨特曾经说过，世上有两种东西亘古不变，一个是我们头顶的日月星辰，一个就是每个人心底的高贵信仰。

1921年春，杨匏安由谭平山介绍加入了广东的共产党早期组织；1923年，他又受中共中央委派参加了国民党的改组，此后三年间在国民党中央当过第二届中央委员、中央组织部秘书和代部长。他身为国民党"高官"，两袖清风，没有敛财，反而以此身份大力发展共产党的组织和工农运动。当时，他一个月的薪金有300多大洋，足以买田、买地。但他把绝大部分钱都交给中国共产党做活动经费，只留下极少的一部分作为家用。

省港罢工时，他还当过广东政府财政部的代表，管理大量钱财，均一尘不染。当时常有人上门送礼，他从不许家人接受。

后人回忆，一次省港罢工委员会发放捐款后，留在杨家的袋子里剩下一枚硬币，只值一两毛钱，孩子们捡到后拿着玩儿。杨匏安发现后马上严肃地对孩子们说："这是公家的钱，一分一文都不能要。"接着，他又让孩子们马上把这枚硬币送回罢工委员会。

1927年春，他到武汉参加中共五大，当选为中央监察委员会副主席。同年11月，杨匏安受到不公正处分，被撤销中央监察委员之职，生活困窘，仍表示"公忠不可忘"。

杨匏安以普通党员身份在上海做地下工作。他白天在党报秘密机关当编辑，晚上写作译书赚稿费补贴家用。那时出版革命书籍发行困难，稿费很低，杨匏安还要经常推磨做米糍，让老母和孩子清晨上街叫卖。

1930年他被捕，因未暴露真实身份而获释时，有人说起："我们做这些事，又穷又危险，小孩子没有书读，上街也提心吊胆的。"他却坚定地回答："再苦再危险，我们也要革命到底。"

1931年7月，杨匏安再次被捕。在狱中，杨匏安面对国民党的高官厚禄引诱

▲ 杨匏安陈列馆

宁死不屈，多次拒绝国民党元老的利诱和蒋介石的亲自劝降。杨匏安说："我从参加革命起，早就把生死置之度外。死可以，变节不行！"此时他也惦念家中生活，从狱中设法传出纸条叮嘱："玄儿不可顽皮""缝纫机虽穷不可卖去"。因为这个缝纫机是家中唯一的谋生工具。杨匏安还告诫家人，千万不能接受国民党要人送的钱物，如不能生活下去就立即南返。他临死前，在囚车中口诵《示难友》，引据南北朝时褚渊出卖袁灿之事，告诫明辨忠奸。杨匏安牺牲后，周恩来悲恸异常，称之为"革命领袖"。他的家人几经波折，从上海重新回到了广州，在广州过着异常艰苦的生活，甚至最小的儿子杨文伟，当年也差一点被卖掉。后来迫于生存，一家人无奈分开。

今天每一个慕名而来的游客，在珠海北山的杨氏大宗祠仍然可以看到，宗祠正厅悬挂着"忠、孝、廉、节"四字牌匾。在杨匏安之孙杨岗看来，这四个字正是杨氏家风的概括，也是杨匏安品格的写照。杨匏安"宁死不低头、清白家风照后人",他的子女都走上了革命的道路。杨匏安四儿子杨文伟也不例外。抗日战争时期,杨文伟随家人到香港参与党的秘密活动。1945年,组织上送杨文伟参加东江纵队。

从1896年11月6日出生,到1931年8月就义,杨匏安35年的人生之路,从当年好学上进的岭南英才少年,到博学多识的宣传马列先驱,从学贯中西的理论家,到视死如归的革命家,他将自己的青春、热血、才华乃至生命整个奉献给了党的事业,是真正为理想信念而赴汤蹈火、英勇献身的革命烈士;表现出了共产党人大义凛然,威武不屈的英雄气节,让人肃然起敬,不负"南杨北李"盛誉,忠魂照史。

九、夏威夷首位华裔州长邝友良

（今珠海市斗门区人）

邝友良（1906—2004年），祖籍香山县黄梁都（今珠海市斗门区斗门镇）小濠涌村，美国历史上首位华裔夏威夷州长、参议员，曾与艾森豪威尔等5位美国前总统共事参政。有太多的故事发生在小濠涌村，这里历史悠久、崇文尚武、人才辈出，其中邝氏宗祠是这里最为著名的建筑之一，也就是邝友良的祖居。

这处宗祠于宋孝宗年代御赐始建，后因战事连绵、时局变迁，修建的圣旨也是得而复失、失而复得，直至300多年后的清雍正三年（1725年）才得以建成面世，而后世事变迁，风雨飘摇中，内藏价值不菲的物品几乎被洗劫一空，但是当年的风华仍留存下来：正门上方屋檐下八条栩栩如生的浮雕金龙，琉璃瓦当、滴水，雕花封檐板，花岗岩石门框，匾文阴刻"邝氏宗祠"。

邝友良的父亲从家乡移民至夏威夷，在化肥厂工作，母亲是帮佣。他从一出生，就打上了贫穷的烙印，1906年10月15日，邝友良出生在檀香山的贫民区。家中共有13个小孩，他排行第7。由于家境贫困及兄弟姐妹众多，邝友良从小就打工挣钱，擦鞋、卖报纸、当高尔夫球童等。1924年高中毕业后由于无法负担大学费用，他在珍珠港海军造船厂工作了3年，直至1927年考入夏威夷大学。大学期间他坚持半工半读，为自己积攒生活费，仅仅3年，邝就以优异的成绩毕业。

1930年，邝友良开始在檀香山一家水资源公司工作。4年后，他利用自己的积累，考入哈佛大学法学院学习，并获得法律学位。从哈佛毕业后，邝友良跨踌满志地回到檀香山，谁知却没有一家律师事务所愿意聘用他，因为他是中国移民的后代，即便他手中拿着哈佛的学位证书。邝友良愤怒了，他决心用自己的行动来反抗这种社会的不公。

1938年，邝友良与朋友三浦胜朗合伙建立了律师事务所——夏威夷第一家接收亚裔律师的事务所。三浦的儿子乔恩后来回忆说："那个时候的夏威夷对亚裔的歧视十分严重，你必须更刻苦、更聪明，超过夏威夷人、超过美国人，你才能得到尊重。"同年，邝友良和初恋女友罗瑞银结婚。他的夫人对他后来的政治生涯提供了最珍贵、最可靠的帮助。也是在这一年，邝友良竞选成功，成为檀香山的共和党议员。二战期间，他加入美空军成为法律顾问，1944年经过军方同意再次参加议员竞选，在他太太的帮助下，轻易获胜，1945年2月以上校军衔退役回檀香山履行议员职务。在他的努力下，夏威夷州通过具有里程碑意义的新法案：同意农场工人建立工会，为自己争取应有的人权。

邝友良不仅是享有口碑的政治家，也是成功的商人。1946年，邝友良开始尝试经商，他和朋友合伙买地建立了"城市市场购物中心"，为今后的邝氏企业打下坚实的基础。1952年，"金融要素""金融投资"纷纷建成。在短短十几年间，邝友良逐步建立起金融、保险、房地产和投资公司的事业王国，成为夏威夷华侨首富。

1959年，夏威夷正式成为美国第50个州，邝友良经过竞选，打败民主党对手，成为第一位进入参议院的亚裔、第一位成为参议员的夏威夷人、迄今唯一一位以共和党人身份成为参议员的夏威夷人，同时也是第一位华裔国会议员。

1964年，邝友良在夏威夷共和党人的支持下，在共和党全国代表大会中被提名为总统初选候选人，成为第一位参加过美国共和党总统

▲ 1975年时的参议员邝友良

初选的亚裔。

在国会期间，邝友良支持扩大民权计划和自由化移民政策，同时，他是尼克松总统与中国改善关系的坚定支持者，也是他的好朋友。1974年，邝友良曾随国会代表团到中国访问。邝友良在担任议员期间，在亚洲各国广泛旅行，并多次呼吁美国公众关注亚裔美国人在战后美国社会各方面日益增长的影响力。

1959—1977年，邝友良服务了9届国会、担任了18年参议员，接触了5届美国总统，他是亚裔美国选民的代表。

当地时间2004年8月18日凌晨1时30分，邝友良在檀香山病逝，享年97岁，夏威夷州长琳达·林格尔下令夏威夷州所有建筑降半旗志哀。在邝友良去世后，该州民主党籍参议员艾努耶表示，"邝友良是他那个时代的传奇""他将永远活在人们爱戴的记忆里"。

那个从4岁就开始背基阿威豆的小男孩，差不多走过了一个世纪的光辉轨迹，除了上校军衔，邝友良还获得许多名衔。自从1935年获得哈佛法学博士学位衔之后，至1978年，他又先后接受了美国、中国台湾一些知名大学和科学院授予的名誉法律学博士或名誉古典文化博士等学位衔。2002年，邝友良获得夏威夷大学颁赠的终身成就奖。

与其说有什么力量眷顾着那个可怜的贫穷的孩子，不如说他靠着华人从古至今坚韧不拔的精神，努力把自己活成了众人瞩目的传奇人物。

十、侨领容兆珍

（今珠海市斗门区井岸镇龙坛村人）

珠海市斗门区博物馆由美籍华裔容兆珍、李如心夫妇捐赠人民币117万元兴建，1994年10月16日建成启用。馆名冠以"兆珍"两字，表达对容兆珍先生的崇高敬意和永久纪念。很多馆藏珍贵文物都是他们夫妇无偿捐献的历年收藏。

在兆珍博物馆睹物思人，追溯容氏的家史。容氏家族是早年移民美国的华人家庭，父亲容嵩光是香山县黄梁都（今属珠海市斗门区井岸镇）龙坛村人，于1881年以"契约劳工"身份赴美国，受孙中山革命思想的影响，在美加入同盟会，四处奔走，动员华侨捐款支持中国民主革命。容兆珍的哥哥容兆明是第

▲ 珠海市斗门区博物馆

▲ 容兆珍

一个获得空运执照的在美华人。中国抗日战争爆发后，容兆明前往中国训练中国空军飞行员。1937年，他驾驶的飞机在距广州50英里（约80千米）的山区坠毁，不幸遇难，年仅26岁。

容兆珍（1912—1987年），出生于美国加利福尼亚州圣何塞市的唐人街。容兆珍早年就读于斯坦福大学，获硕士学位，毕业后在美孚石油公司担任工程师。

他身负失去兄长之痛，目睹老父垂泪之哀。1941年日寇偷袭珍珠港，美国对日宣战，容兆珍进入美国军队，作为作战指挥部人员被遣往中缅印战场。在此后的两年时间里，他走遍了云南和贵州，训练中国军队使用武器，并给他们配新装备。他曾作为滇缅公路和松山战区的战略军械军官，主导了松山战役中爆破日军基地的任务。

沧海横流、乱世之秋，方显英雄本色。这就是容氏家族的毅然抉择。

容兆珍随部队赴中、缅、印边境作战期间，最初在印度修筑通往中国云南的公路，配合美国空军陈纳德指挥的第14航空队（飞虎队）运送物资，接着担任中尉军官，在中缅边境负责向前线提供补给和训练中国远征军。一次，他率领部队越高山穿老林，历尽千辛万苦，把300匹马安全送抵目的地，立功晋升为上尉。几个月后，他接受一项更艰巨的任务，负责运送一批医疗物品空投到印缅边境丛林的一个据点。他率领部队越过自然环境极其恶劣的地区，借用切诺将军的飞机，把足够一家医院所需的物资投放到隐蔽在丛林中的陆军医院，出色地完成了任务。

在1943—1945年，他率领一个分队活跃在中国云南、贵州和缅甸之间，足迹遍及泸水、保山、芒市、昆明等地，密切配合陈纳德指挥的第14航空队，运送大批新的装备和物资，并教中国人使用新装备和维修损坏的武器。

1944年6月，容兆珍作为史迪威的得力助手，参与策划和指挥了若干战役，其中最著名的是松山之战。这是一场残酷的战斗，日军占领了山头的制高点，以猛烈的炮火压住意图攻占山头的中国军队，容兆珍请缨获准，立即带领分队冒着枪林弹雨，运来大批火药埋在山头四周，迫使日军投降，中美军队终于获得了决定性胜利，缴获了大批战利品。

容兆珍是第二次世界大战期间第一位取得上校军衔的华人军官，退伍后仍是校衔后备军官。1972年退出军界后，容兆珍进入工商界，曾任永年公司和合众兴业公司董事长。他热心侨团工作，担任过旧金山喜善堂（斗门同乡会）理事等职，被选为加州军人福利会主席。其间协助改善唐人区的基础设施和生活水平，创办旧金山华埠一年一度华人春节大巡游，参与创立美国中华历史学会、三藩市华人退伍军人协会。

容兆珍在战火纷飞的节点认识了祖国，培植了根在中国、血脉相连的乡情、乡恋、乡愁。东方的经历、故国的经历，都是他人生的宝贵财富和珍贵记忆。正因为如此，酷爱中华文化的他将自己在海外收购的中国古代书画作品及大批古代陶瓷器捐赠给自己的家乡——珠海斗门，他代表了一代又一代华人对祖国故土的深情，正是这种炽热的情怀书写着"赤诚丹心昭日月"的感人故事。

据记载，从1977年起，先后8次，容兆珍与夫人李如心应中国有关部门邀请，来华参加国庆观礼和孙中山诞辰纪念活动，并多次回家乡观光访问。先后共捐款2万多美元给斗门县办学，捐献100多件文物和1万美元给斗门县图书馆。曾经受到美国总统约翰逊亲自接见的华侨领袖、第一位华裔"二战上校"容兆珍于1987年10月27日病逝，享年76岁。

容兆珍故去后，其夫人还遵照丈夫遗愿，以二人的名义捐款修建了斗门县兆珍博物馆，就是珠海市斗门区博物馆。

第三辑

近现代璀璨人文

本辑有 20 位在科学、教育、医学、建筑、文学、绘画、书法、体育等领域涌现出来的珠海人物。

打开中国近现代史的册页，谁都不可小觑珠海的光芒。那些高光时刻是由文化的星河呈现出来，从而促进政治、经济等领域的发展。这些文化名人，是珠海的，也是中国的，更是世界的。

一、清代岭南著名诗人、书法家鲍俊

（今珠海市香洲区山场村人）

"仙乡何处觅，即此是蓬莱。"珠海石溪崖峭瀑奇，风景绮丽，吸引大家的是这里的摩崖石刻。

石溪摩崖石刻群是清代山场乡人鲍俊与文人墨客仿效"兰亭会"吟风弄月时留下的艺术杰作，分布于石溪及周围的嶙峋怪石上，已发现的有32处。年代由1831年至1879年，阴刻，以行书为主，也见楷书和隶书，大者如"石溪""鹅"等近米大，小则几厘米见方。《香山县志续编·杂记》记载："邑恭常都石溪洞，飞瀑奔腾，风景绝佳。道光间，鲍太史俊尝筑台榭、聚名流，觞咏于此，因自号石溪生。诗多载《榕塘诗钞》中。今台榭久祀，遗址尤可仿佛。"

拾级而上，可以看到山腰的一块巨石，石上刻有"石溪"两个大字，落款为"道光辛卯九月，逸卿书蔚卿镌"。道光辛卯为1831年，"逸卿"正是鲍俊的号。

鲍俊（1797—1851年），字宗垣，号逸卿，自号石溪生。香山县山场乡（今珠海市香洲区山场村）人。出身于书香世家。

鲍俊曾在诗中表达自己对石溪的喜爱，诗云："洗尽尘心便隐居，石溪久待筑蓬庐。江湖老去头如雪，归向深山读道书。"从中也可看出其晚年隐居石溪时的超脱心态，而关于鲍俊和石溪，或许林谦的评价更为合适："夫天之生才，有大有小，或遇或不遇，自非在上者，虚心物色，则湮没未由自见，偶值盘错，又叹无才可用者，比比也。以逸卿表章石溪之心求士，庶有显其名如石溪者，石溪幸矣哉。"

鲍俊青年时，常与几个文友一起在山场松邻祠的书斋观书临帖，切磋字画。书斋命名为"经畲"，寓意就是文友汇集的地方。赋联："经世重文章，义礼诗书则于中以法于外；畲田勤稼穑，禾麻蕉麦望之种宜用之舒。"以此来励志，奋发图强，希望有朝一日功成名就。清道光二年（1822年），鲍俊参加乡试，中式举人。

鲍俊来到京城应考，主考官出题"山鸡舞镜"（原句"山鸡舞镜，自形其美"）赋，鲍俊没有审清试题，即以"山鸡有五德"作题意，用错典故，但作文仍然很好，被选入殿试十卷之列。这一天，道光皇帝坐在御前，翻看十份试卷，逐一进行钦点，当他拿出鲍俊的试卷，看了又看，觉得他的试卷不但文章写得有文有质，而且书法也写得很好，行书俊秀飘逸，潇洒出众，爱不释手，当即握笔提腕，在鲍俊的试卷上御批"书法冠场"四个字，钦点二甲第二名，入翰林院庶吉士。鲍俊的书法被皇上御批为殿试十卷之上，一时声名鹊起，享誉京城，"远近求书者踵相接"。鲍俊书法出名之后，可把他累得够受，他感慨地说："年来不为浮名绊，字债犹能累此身。"

鲍俊中式进士后，在家乡城隍庙烧猪还神，为该庙题额"风云变化"四个大字。从此，乡里的学子赴试，都先到城隍庙祭拜。

鲍俊曾授翰林院庶吉士，后调刑部山西主事，候选员外郎、即用郎中，在道光十一年（1831年）辞官返粤，在广州芳草街（今登峰南路仁生里）修筑"榕塘吟馆"，朝夕以诗酒书画自娱。晚年归里，讲学于凤山书院与丰湖书院。

鸦片战争后，鲍俊出于义愤，于道光二十九年（1849年）曾支持青年农民沈亚米等刺杀澳门总督亚马喇。仕途受阻，多有失意。

无论是摩崖下吟风弄月还是悠然自得的书院讲学，以及后来榕塘吟馆的建造，鲍俊都属于乐在民间的艺术家。清咸丰帝登基后，听说了他的才华，深表赏识，于是召鲍俊入京，要给他加官晋爵，没想到鲍俊上任途中，突患痛疾，马上又返回乡里，不久就病逝了。

　　岭南书画奇才鲍俊终是与仕途官场无关无缘，而为人间留下珍贵的石溪摩崖石刻以及遗著《榕塘吟馆诗钞》《倚霞阁词钞》《罗浮游草》《鲍逸卿草法》等。原作多流佚港、澳、穗、沪。

　　在乡间尚存有山石、祠庙的题墨，叹山野亦多情，与鲍俊生死相拥。

二、"中国留学生之父"容闳

（今珠海市香洲区南屏镇人）

珠海香洲区西大街三巷1号，这里是容闳故居的遗址，说是遗址，其实只剩一堵老墙，院内有古树枯荣参半，青竹自翠，三角梅一枝独秀，所有的景致都因为这一堵墙的存在而有了更多的意义。当年计划修缮故居的一千大洋，被容闳用于办学，这也导致故居年久失修，后来坍塌、废弃，直至只剩一堵老墙……这个改写了中国近代史的人、开创了中国留学生历史纪元的人，在他深爱的960多万平方公里的祖国版图上，只留下这一堵墙，这堵墙却是多少历史狂澜也推不倒的岁月碑记。

著名学者雷颐称赞容闳是"唯一全程参与近代史的幸运儿"。容闳一生追梦，有四个历程：第一，致力洋务运动；第二，推动西学东渐；第三，参与戊戌变法；第四，支持辛亥革命。换而言之，把容闳放在中国近代史的这些重要阶段，他发挥了极大作用，历史给他的称谓诸多，"留学生之父"非他莫属。

容闳（1828—1912年），1847年赴美，1854年从耶鲁大学毕业，获得文学学士学位，成为中国人接受美国高等教

▲ 容闳

育的第一人。

容闳为中国留学生走向世界，不遗余力、呕心沥血，他是怀着满腔的热爱离开祖国远渡重洋的。他年少时常在澳门马礼逊学校所在的山巅，眺望香港，眺望维多利亚港口，英国海军就驻扎在港口深处，深深刺痛了容闳的心灵。国土沦陷，祖国落后，故乡贫瘠……恍如一个个巨大的阴影笼罩着他的少年之心，最后他毅然决然拜别慈母热土，受惠于布朗先生免去一切费用，还对父母发放两年的赡养费，这才得以远赴美国。

容闳返回祖国后，支持洋务、倡导教育救国、投身戊戌维新、赞助辛亥革命，为中国的进步鞠躬尽瘁。1863年，在旧识张斯桂的引荐下，容闳拜见了对他这一生有"知遇之恩"的曾国藩，曾国藩希望他能够带兵打仗，容闳拒绝了。后来，趁着洋务运动兴起之机，容闳向曾国藩提出了兴办"制造机器之机器"的计划，得到了曾国藩的信任和支持。曾国藩令他出国采办机器设备。容闳往返历时将近两年，采买的机器安全抵达上海，充实了曾国藩规划、李鸿章负责的江南制造局，这个标志着中国近现代工业开端的制造局，成为容闳实现梦想的起步之处。

容闳向曾国藩建议在江南制造局内设兵工学校，招收中国学生，教授机器工程的理论与实验，培养自己"完全独立操作"的工程师和机械师及所需的技术人员，其后成效显著。这让容闳部分实现了他"教育兴国"的梦想。

容闳一直抱有"予既受此文明之教育，则当使后予之人，亦享此同等之利益"的愿望，刚一回国就设想了官派留学生计划。在容闳的倡导和游说下，清政府先后派出4批共120名幼童赴美留学。在这4批120人的留学幼童中，香山籍的占三分之一之多，其中很多分布在今日珠海的唐家、金鼎、南屏等地。

1872年8月11日，经清朝政府批准，在陈兰彬、容闳率领下，中国第一批留学生梁郭彦、詹天佑等30人从上海启程，前往美国开始留学生涯。到美国后，容闳采取了前卫的管理方式，让幼童两人一组分散居住在志愿报名的当地家庭，使孩子们感受到家庭温暖，并且更加迅速地融入美国社会。这些幼童一到

▲ 香洲区博物馆（容闳博物馆）

美国就以惊人的速度克服语言障碍，成为各校中最优秀的学生。

事实证明，容闳送出去的学生归来后无论才干、见识、人品，都堪称一世俊杰，他们归国后，成为国家栋梁、外交使节、教育翘楚、矿业巨匠、铁路先锋、国之卫士、电报先驱……其中有"中国铁路之父"铁路工程师詹天佑、开滦煤矿矿冶工程师吴仰曾、北洋大学校长蔡绍基、清华大学首任校长唐国安、民国开国总理唐绍仪、交通总长梁敦彦、外交家欧阳庚等，还有多名留学生加入海军，在甲午战争中殉国，在不同的历史舞台，归来的留学生们各自精彩。

1881年6月，清廷下令将全部留学生撤回。容闳的留学教育计划虽然半途夭折，但他打开了留学教育的大门：1877年，福建船政局的船政学堂开始派学生留学欧洲，去法国学习造船理论和技术，去英国学习驾驶，并于1882年、1886年分批不断派遣。19世纪末20世纪初，官费、自费留学生大批到世界发达国家学习，容闳开创的留学事业成为一股不可阻挡的潮流。

他以一人之力带动一批，以一批影响一代，以一代造福一国的留学教育，为封闭的中国打开了通向世界的大门，开创了留学教育的先河，培养了一批批富国强兵的栋梁之材，深刻影响了中国近现代历史的进程。

三、中国西医第一人黄宽

（今珠海市香洲区唐家湾镇东岸村人）

"经过166天的漫长航程，我终于回到了祖国。1月3日，在距离台湾海峡约300英里的地方，我们遇上了一场非常猛烈的大风，风吹走了船的前桅中的中桅、整条船的主桅和后桅中的中桅。十分感激仁慈上天的保佑，我死里逃生，在船遇险12天后安然无恙地回到了故土。"

这是黄宽曾经给长期资助他读书的爱丁堡医疗救济会的信，信中所写是他1857年回国的艰难历程。黄宽（1829—1878年），香山县东岸乡（今珠海市香洲区唐家湾镇东岸村）人。中国近代医学家、教育家。毕业于英国爱丁堡大学，中国第一批出国留学生之一，第一位留英学习西医并获得医学博士学位的学者。学成归国后从事临床与教学，医术精深，尤擅外科。成功进行中国首例胚胎截开术。他是最早任海关医务处医官的中国医家，又是中国最早担任西医教学的教师之一。

1847年1月，黄宽随布朗夫妇偕同容闳、黄胜赴美。1849年，黄宽顺利毕业，签下"毕业愿意从事传教"的志愿书，1850年，他只身上路，前往英国。

黄宽在英国留学考入爱丁堡大学医学院，他身上遗传着岭南文化的基因，那就是实干、不空谈，无论身在何处，刻苦实干都是克坚利

▲ 黄宽

075

器，终于在1855年，他以第三名的成绩毕业，获得医学学士学位。黄宽毕业后留英在医院实习2年，并研究病理学和解剖学，获博士学位。

1857年，黄宽回到祖国后，遵照资助人的愿望，接受伦敦传道会的委派，兼任传教士一职。他先在香港开设诊所，因受伦敦传道会本杰明·霍布森医生等英籍传教士的歧视和排挤，辞去传教士一职，负责香港民用医院的管理工作。

1858年，黄宽赴广州，接办合信氏（B.Hobson）在金利埠创设的惠爱医馆。刚进医院，黄宽就进行了大胆的改革，同时开始实施外科手术，是当时中国首个拿手术刀救人的西医。1860年，黄宽曾施行胚胎截开术一例，这是国内施行这种手术的第一例。广东向以膀胱结石患者为多，嘉约翰曾以截石术闻名，但是在他之前黄宽早已经割治过33例。容闳（黄宽的同学）称黄宽是当时好望角以东最负盛名的优秀外科医师。

1866年，黄宽与当局意见不合，加上对某教徒的作为不满，辞去惠爱医馆之职，自设诊所，暇时协助博济医院从事诊务。1864年起，博济医院开始招收西医学生，黄宽参加了该院培养中国学生的教学工作。

1866年，博济医院正式附设南华医学堂，这是中国最早系统培养西医的教会医学校，招收男生入学。黄宽被聘到该校任教，和该院院长嘉约翰担任主要教学任务。嘉约翰撰写教材和讲义等，遇到难以翻译的医学词汇问题，总是求助于黄宽，与他精心研究，直到找出最准确的词汇。博济医院初时只招男生，至1879年，博济医院附设南华医学堂首次招收3名女生入学。学校基础理论课学习为期3年，然后进行临床实习，为中国培养了第一代西医人才。不仅如此，他们使西医治疗及医院制度、医术医药、医学教育、医学科研和医护宣传等一整套全新的医疗体系在中国得以传播开来。

1867年，嘉约翰因病离华，黄宽任代理博济医院院长。

1875年，黄宽又兼任西南施医局主任。

1862年，黄宽一度应李鸿章聘至幕府担任医官（兼）。

1873年，广州霍乱流行时，黄宽曾著文评论真假霍乱之区别，又编撰医院报告和海关医务年刊等多篇。黄宽终身忙于诊务与教学，著述并不多。

1878年10月12日，黄宽因患项疽，与世长辞，对于中国的西医领域是巨大的损失。

中国第一个留学欧洲的人，第一个医学博士，当年的香山三少年之一的黄宽，用精湛的医术服务于民众、报效国家，其创造的社会价值并不亚于当年的同行者。

四、广西新学创办者黄槐森

（今珠海市斗门区乾务镇荔山村人）

珠海市斗门区有一所历史悠久的著名中学——和风中学，弘扬以和为贵的乡风学风，她的前身就是黄槐森在家乡创办的黄梁都和风书院，延续办学至今。随便问一位和风中学的孩子，黄槐森是谁？孩子们都会讲出几段黄槐森的传奇轶事，又像谈及自己的祖辈，无上荣光。

从和风中学到珠海前山"黄中丞公纪念亭"，车行40分钟，纪念亭经几次修建，目前状况良好，牌坊威严耸立，仿佛故人一直没有走远，在注视与俯瞰家乡的今生。

黄槐森（1829—1902年），清末香山县黄梁都荔枝山村人，是从香山地区走出的首位巡抚，清廉自持、兴修水利、整治治安、发展教育，创办了广西大学的前身——广西体用学堂，奏请南宁"自开商埠"，做出了为人们称道的政绩。他在自己的书画作品上有钦印"臣黄槐森，家在香山之南，荔山之麓"，以此维系他与家乡的血脉。

黄槐森出身于书香门第，香山地区首位进士黄鏻，百岁举人黄增庆都来自这个家族。黄槐森自幼勤奋好学，通读

▲ 黄槐森

诸子百家，才思敏捷，工诗、书、画，闲时喜画画，仿恽寿平，尤善画蝶。他的书画作品被广东省博物馆、澳门博物馆、澳门同善堂、珠海博物馆、中山市档案馆等场馆收藏，部分作品留存于民间收藏家。《香山县志续篇》记录了黄槐森的事迹，让人们从民间传说转场到正史文字，还原那个一生为官、造福八方的香山才子。

清咸丰三年（1853年），黄槐森与兄黄德森同中秀才，清咸丰十一年（1861年）辛酉科中举人，同治元年（1862年）壬戌科中进士，授翰林院庶吉士，参与清史编纂工作；同治二年（1863年）任御史，供职刑部给事中，其间，又曾任顺天府文武乡试、会试监考官等职务。

自古，百姓心中就有一杆秤，黄槐森深受百姓赞誉，最得民心的政绩还是他在同治八年（1869年）带领官员、百姓在黄河治水。

那一年，黄河流域一带连下暴雨之后，堤坝被河水冲塌，百姓流离失所，苦不堪言，地处黄河下游的山东，受灾最为严重。危难之际方显英雄本色，黄槐森马不停蹄，前往山东督修黄河河堤。他召集了有治水经验的水利官员和河工，集思广益，制定了一套治理黄河的有效方案。百姓们对黄槐森行之有效的治理方案也积极支持，几天内，报名参加修河义工队人数众多，官民同心，其利断金。被有效根治后的黄河，河道变得宽阔，湍急的河水也变得平缓下来，在加高的坚固堤内，黄河变得安静下来，呈现一条母亲河的温柔模样，灌溉沿岸，添福黄河儿女。

黄槐森不仅仅治理过黄河，同治八年（1869年）督修东明河上下月堤，使百姓数年免受水患；光绪二年（1876年），黄槐森在川北道听从百姓建议，下令堵渠免于水患，又开通西河义渡，便利农商与旅客；在川贵云桂等省任职期间，每遇灾荒，他力主开仓放粮赈济百姓，注重兴修水利督建河堤，遏止水患祸民，当地百姓为这位毕生心系民间疾苦的父母官勒石刻碑褒颂。

黄槐森一生重视教育，不仅在家乡设立学堂，以振邑内文风，整顿崇义祠物业，以除积弊；后又主讲"粤秀书院"，广东文坛精英多出其门。他任职广西巡抚期间，在桂林创办广西体用学堂，是广西第一所中西学相结合的新式学堂，也是广西新学兴起的标志。为振兴家乡文教事业，黄槐森在家乡创办了黄梁都和风书院。

如果说广西办学是黄槐森在教育领域的重要贡献，那么南宁开埠则是其在经济领域的"大手笔"。

南宁因其地理位置的重要性，自古以来就是岭南政治军事重镇，也是兵家必争之地，到明清时期，南宁已是"商贾丛集，民物茂康"。鸦片战争后，西方列强都对南宁垂涎三尺。光绪二十四年（1898年），广西巡抚黄槐森抵南宁视察，得知已有外国商人欲在南宁购买地皮、兴建洋行，他上奏朝廷，奏请南宁"自开商埠"。他建议"援照湖南岳州府等处成案，开作口岸，不准划作租界，以均利益，而保事权"。

总理衙门接到奏折后，赞成黄槐森的主张。清政府鉴于当时国内外形势，当即批准黄槐森的奏折，同意开放商埠。经过多方规划筹备，1906年11月，清政府宣布南宁正式对外开埠通商。南宁成为中国近代内陆沿海城市中第一个"自开商埠"的城市，由此开创了南宁地区货船穿梭、百业兴旺的繁盛局面，极大地促进了广西的经济发展。黄槐森成为奏请广西南宁开埠通商的第一人，在南宁历史上写下了不朽篇章。

清光绪二十七年（1901年），黄槐森以72岁高龄辞官还乡，翌年正月病逝。在40年的仕途生涯中，他清高正直，不畏强豪，屡上书揭发营私舞弊官员，陈述兴废意见，为朝廷所重视，享"凤鸣朝阳"美誉。同时，他关心人民的疾苦，在家乡、在任职各方多有善举，深得百姓爱戴和赞颂，朝廷颁发《奉天诰命》诏书褒其政绩。

五、中国工程院院士容柏生

（今珠海市人）

你也许并不知道容柏生是谁，但是你一定知道广东国际大厦、广州白云宾馆、广州海运局大楼、深圳香格里拉大酒店、珠江新城西塔、上海环球金融中心等高层建筑……是的，容柏生就是这些著名建筑的设计者，他是中国工程院院士、中国工程勘察设计大师、广东省建筑设计研究院终身荣誉总工程师。

容柏生祖籍珠海，1930年出生在广州，其父是国民党军官，从小家境优渥，即使在那个动荡的时代，容柏生依然度过了一个无忧无虑的童年。容柏生从小对詹天佑非常感兴趣，受其事迹影响，痴迷于建筑工程的图书、模型，同时也喜欢上了研究各种建筑，古诗词中留存的黄鹤楼、岳阳楼，都令其心驰神往。

在19岁的时候，容柏生毫无悬念考取了广州岭南大学土木工程系，开始了他与工程设计长达70年的不解之缘。那一年，由于历史的原因，家境中落，摆在他面前有两种选择：提前工作维持生活和继续读书，容柏生艰难地选择了后者。

远离家乡去岭南大学土木工程系读书，几乎没有生活来源，容柏生一下子陷入了困境，为了维持生计和学业，容柏生开始勤工俭学的生活，当打字员、廉价助教，甚至为了节省住宿费到当地小学当代课老师以求提供住宿。

后岭南大学的工科并入1952年成立的华南工学院（即现在的华南理工大学），容柏生成了该校的第一届毕业生。

大学毕业后的容柏生服从国家分配，到广东省建筑设计公司（今广东省建筑设计研究院）任职。在此后的半个多世纪，容柏生将自己的全部心血，都倾注在广东的工程设计事业上。

1972年，崭露头角的容柏生，接到了一项艰巨的任务：进行15层高的海运大厦的结构设计，并要达到三级人防和抗震设防的要求。由于国内缺乏可供参考的设计方法与规范，容柏生只能自己创新，创造出一套设计方法与规范。在手摇计算机的辅助下，他不仅将设计方案所需要的各项数据"摇"了出来，还根据这次经验，成功研制出一套高层建筑结构计算的完整计算方法和程序，这一创新走在全国前列。

其后的容柏生，用他精湛的设计技术不断刷新着建筑的高度。

深圳亚洲大酒店（即现在的深圳香格里拉大酒店），是容柏生的代表作之一。在这座38层、高达114米的"Y"形建筑中，容柏生再次创新，设计了一个钢筋混凝土巨型构架结构体系，将高达114米的建筑分成6大层的钢筋混凝土巨框，每个巨框都成为受力单元。这一方式，不仅方便建筑，也大大加快了施工进度。

建成之后的深圳香格里拉大酒店，不仅是当时国内唯一的全巨型框架结构建筑，也成为深圳当时的地标性建筑之一，容柏生因此获得了国家建设部颁发的科学技术进步二等奖。

1985年，被老广们亲切称为"63层"的中国第一高楼——广东国际大厦准备兴建，容柏生担纲负责这座200米高大楼的设计。

这一次的创新让容柏生"名动天下"，广东国际大厦先后荣获国家优秀设计金奖、首届中国土木工程（詹天佑）大奖，从小对詹天佑痴迷的容柏生，终于得到了回应。

容柏生在高层结构设计方面的突出成就，也赢得了国家和社会的认可。1989年，他被建设部授予"中国工程设计大师"称号。1995年，容柏生当选中国工程院院士。

2003年，已在广东省建筑设计研究院工作了整整50年、担任总工程师20年之久的容柏生，为了让年轻人挑起重担，主动辞去了职务。74岁的他决定"二次创业"，与两名合伙人共同成立了国内第一家专业从事结构设计的企业——容柏生建筑结构设计事务所。

在容柏生与团队的共同努力下，16年来，这家国内率先成立的建筑结构设计事务所，不仅成为国内规模最大的单专业甲级结构设计事务所，也在建筑工业化、建筑结构抗震设计等方面，研发出了多项在国际国内有着先进水平的创新成果。事务所已经服务过300米至800米的超高层建筑数十个，有为广州东、西塔以及深圳京基金融中心、天津117大厦、苏州中南中心等超高层建筑提供设计咨询；担纲设计了南宁华润大厦、珠海十字门标志塔、青岛华润中心大厦等数十栋超高层建筑。

容柏生不仅自己主导创新，也引导、鼓励和帮助团队进行创新。"免模装配一体化PI体系"的新型建筑工艺是容柏生大力推动的其中一项革新技术。几年前，这一技术刚开始进行研发时，一向低调的容柏生高度评价"这将是革命性的一项技术"，并投入大量时间精力参与到研发讨论中，极大地鼓舞了创新研发团队。

2016年，在华南理工大学建校64周年之际，容柏生参加了"院士回母校"活动，与600多名师生分享他的科研经历与人生感悟。面对同学们问到自己取得今天的成就的原因是什么时，容柏生郑重回答："我有十二字箴言，必求甚解、知难而进、精益求精。"

2019年5月11日，容柏生逝世。他的一生坎坷起伏，曾经历过低谷也曾攀登过顶峰。岁月荏苒，经历过大起大落的容柏生看淡了一切。广东院士联合会在唁电中高度评价了容柏生一生的成就：他用精湛的技术不断刷新建筑高度的同时，也创造了自己的人生高度。他是广东人的骄傲，诚为我辈永远之榜样。

六、中国第一位世界冠军容国团

（今珠海市香洲区南屏镇人）

历史需铭记这一时刻。

1959年，第25届世乒赛在联邦德国多特蒙德举行，一位中国运动员一路过关斩将，挺进男单决赛。决赛中，他迎战曾9次摘得世界冠军的匈牙利老将西多，在首局失利的情况下连扳三局，最终战胜对手夺冠，成为中华人民共和国体育史上的第一个世界冠军，圣·勃莱德杯第一次刻上了中国人的名字——容国团。

容国团是谁？

1937年，容国团出生在香港一个海员家庭，最早在家乡广东珠海一所华侨学校上学；4岁开始乒乓球启蒙；1948年初转到香港的慈幼学校，13岁被誉为"东区小霸王"；1957年2月的全港乒乓球赛，容国团夺得男团、男单和男双冠军，同年，他毅然跨过了罗湖桥，投入祖国的怀抱。1958年4月，容国团立下军令状"3年内取得世界乒乓球锦标赛男子单打冠军"。

容国团的世界冠军，不仅让他自己举世闻名，并且让小小乒乓球开始飞舞

▲ 容国团

在祖国各地，乒乓球热席卷中华大地。

容国团最让世人难忘的一场比赛是1961年，在北京举行的第26届世乒赛。中国队与此前五连冠的日本队在男团决赛中展开了激烈交锋。被重点盯防的容国团遭遇了两场失利。第八场上场前，队友问："下一场你准备怎么办？"容国团吼出："人生能有几回搏，此时不搏，更待何时！"最终，容国团以2比1击败星野展弥，帮助中国队5比3战胜日本队，为中国夺得第一个世乒赛男子团体冠军。荣获国家体委授予的"体育荣誉奖章"和特等功。

人生能有几回搏？！

这一句，铿锵有力、掷地有声，曾经激励了几代中国人在各行各业中奋发图强，勇攀高峰；这一句，也成为所有体育运动员的座右铭；这一句，也让容国团在以后的比赛中，所向披靡，战无不胜。容国团用拼搏和汗水迎来了自己人生的高光时刻。

1964年，27岁的容国团率国家男女乒乓球队赴莫斯科参加五国乒乓球国际邀请赛，中国队获五项冠军，随后调任国家乒乓球女队主教练。1965年4月，第28届世乒赛在南斯拉夫卢布尔雅那举行。在容国团的带领下，中国女队以明显的优势击败了曾6次夺冠的日本队，首捧考比伦杯。1966年，容国团受到毛泽东主席的接见，后在北京国际乒乓球邀请赛经验交流会上发表了题为《我们将永远在毛泽东思想的光辉照耀下前进》的讲话。

在历史上的非常时期，容国团的正常工作、生活受到前所未有的冲击，他选择了以生命为代价捍卫自己的尊严，1968年6月20日，那个喊出了"人生能有几回搏"的乒乓球王子，在一棵树上终结了年仅30岁的生命。

岁月回眸里，1957年11月1日，容国团背着简单的行装，在工联会工作人员陪同下，迈步走过深圳罗湖桥，投入了祖国的怀抱。他用日记记下了那天的心情："这是我走向新生活的第一天。当我踏入广州体育学院所在地时，早已相识的乒乓球运动员纷纷向我握手问好，表示热烈的欢迎。这时候，我心里充满了幸福感。很久以前，我就想成为他们当中的一个，现在终于如愿以偿。"

至今我看到这段日记的文字仍然为这个心怀美好而来、英年却抱憾而归的冠军心痛，值得庆幸的是容国团去世十几年后，国家体委召开大会为容国团平反，恢复名誉。

平反与恢复名誉也带不回来那个技术全面，抽、杀、削、吊、拉、搓、推、挡样样精通的"八臂哪吒"，人们对容国团的记忆常常定格在他的第一个世界冠军上，这个冠军让容国团的命运驶入了另一轨道，也从此改变乒乓球项目在中国体育体系中的地位。乒乓球就此开始成为中国的"国球"，渐渐成为民族情感的寄托。

那个当年21岁的年轻人，曾经受到了"民族英雄"般的礼遇——时任国务院副总理的贺龙亲自到机场接机、献花；毛泽东多次接见；周恩来将容国团夺冠和十年国庆，列为1959年的两件大喜事，将中国首次生产的乒乓球命名为"红双喜"牌；每逢外宾来访，他便成为参加国宴的常客。

1978年的6月23日，国家体委召开落实干部政策大会，为容国团平反昭雪，恢复名誉，并为其举行追悼会及骨灰安放仪式，将其骨灰安放在北京八宝山革命公墓。国家和人民没有忘却他。1984年，容国团被评为中华人民共和国成立35年来杰出运动员之一；2009年，容国团被评为新中国成立以来100位感动中国人物之一；2019年9月25日，容国团获"最美奋斗者"个人称号。

斯人远去，赞誉与怀念一直都在。

庄则栋评："容国团是中国乒乓球坛的开路人，打球非常动脑子，善于变化。容国团打过去的球都是有内容的、有内涵的。"《光明日报》评："容国团给中国乒乓球带来了生命力，乒乓球在中国生根发芽，根深叶茂，硕果累累，国人受惠颇深；同时，他打下了中国乒乓球队'快准狠变转'的根基，种下了中国乒乓球长盛不衰的基因。"刘国梁评："60年来，容国团给我们中国乒乓球队整个团体注入的精神与灵魂生生不息，传承至今，半个多世纪来在世界乒坛长盛不衰，更是成为中国体育界的一面旗帜。"

七、清华学校首任校长唐国安

（今珠海市高新区唐家湾鸡山村人）

一路走访珠海唐家湾大学路，有座唐国安纪念馆，他的故居也在附近。唐国安（1858—1913年），不仅是清华大学的首任校长，还是清末民初著名的新闻学家、外交家和教育家，留美教育事业主要兴办人之一。为实现"大学梦"和"强国梦"，他一生致力于教育事业，殚精竭虑，死而后已。

带着对唐国安的敬仰，对清华大学的心驰神往，对南粤文化的崇敬，走进唐国安纪念馆。这里是清华大学校友、珠海市民和海内外游客缅怀唐国安生平的重要场所，也是珠海市对青少年进行爱国主义教育的基地。在纪念馆东侧的唐国安故居，两间青砖灰瓦的民居，约40平方米的低矮平房，是按原样复建的唐国安故居，古朴简洁，却从容大气。

唐国安纪念馆是一座三合院建筑，风格与清华大学的图书馆颇有异曲同工之妙。纪念先贤，传承唐国安教育兴邦的精神，是建馆的初衷和意义所在。

进入纪念馆，首先映入眼帘的是一尊唐国安的雕像，以及清华大学的著名标志物——日晷；纪念馆内设"唐国安纪念展"，馆藏文物有唐家村村史、唐国安族谱、留美幼童书信集、关于庚子赔款和清华学堂改名清华学校的奏折等；循着楼梯上到二楼，从早年的西风东渐到今日的清华风采，通过几个板块逐一展示：西风东渐、负笈美国、蹉跎岁月、艰辛报国、庚款留美、奠基清华、好人回家等，以300余件展板和文物，直观全面地展现唐国安的一生，也形象生动地再现了从清末到民国初期中国教育事业的跌宕起伏、清华初创时期的风云岁月。展览以清华大学的近况收尾，描述了在唐国安鞠躬尽瘁的建设下，清华大学逐渐发展成国内外数一数二的顶尖院校。清华大学蹉跎的百年历史、中国教育科技自强自立的开拓史、建设世界一流大学跨越发展的创新史、中华民族迈向现代化的现代史，以唐国安的一生为缩影，凝聚在了小小的展厅里。

1858年，唐国安出生在香山县唐家湾鸡山村（今属珠海市）。1873年，14岁的唐国安迎来了人生的转折，幸运地成为近代中国第二批官派留学生赴美留学，他收拾好行囊告别家人，奔赴异国他乡开始留学生涯。他先在康涅狄格州的寄宿家庭接受了小学教育，后进入马萨诸塞州的新不列颠中学学习6年。1879年以优异成绩完成中学学业后，考入了耶鲁大学法律系，但因国内动荡，学业未竟，1885年被政府提前召回国。

唐国安回国之初在天津医学馆入学，但他志不在此，便偷偷离开学校，进

◀ 唐国安像

入美国旗昌洋行任翻译，后又投身实业界，从基层做起，先后在开平煤矿、京奉铁路工作，后来前往上海梵王渡约翰书院任教。1903年，他担任上海《南方报》编辑、主笔，开辟《南方报》英文版，不畏权势，抨击帝国主义列强在华的野蛮行径，希望能借此唤醒国人的爱国意识，也因此为洋人所忌惮，几被逐出租界。其间，唐国安还兼任寰球中国学生会会董。

1907年，49岁的唐国安，经唐绍仪举荐，担任了外务部司员兼京奉铁道事。1909年，他出任万国禁烟会议中国代表团代表，凭借其丰富的学识、经验和娴熟的英语，在会上慷慨陈词，力主禁烟禁毒，以利民生，深深折服了在场的与会者，展现了我国的大国风范。唐国安大器晚成，终于在历史舞台闪亮登场。

1908年7月，中美双方就美国退还庚子赔款余款达成协议，将超额部分1100余万美元退还中国，专门用于派遣中国学生赴美留学。"庚款留美"事业由此展开，外务部和学部共同组建"游美学务处"，彼时作为外交部官员的唐国安兼任了学务处会办，主要负责学务处的日常工作，挑起了"庚款留美"事业的重担。

唐国安的命运再次与美国和中国留美学生连在一起。1909年8月，他出任游美学务处会办，先后甄选3批共计180名庚款留学生。1909年，47名学生通过千人选拔，层层录取，成为游美学务处的第一批留美生，唐国安亲自率领这批学生赴美留学。1910年，赵元任、张彭春、钱崇澍、竺可桢、胡适等第二批庚款留学生也成功赴美。"庚款留美"项目培养了许多优秀人才，如梅贻琦、蒋梦麟、胡适、戴芳澜、金岳霖、吴宓等，均成为国家的栋梁、学界泰斗，也是近40年里近代中国的风云人物。"庚款留美"为我国发展高等教育事业立下根基，打下良好的基础。

▲ 1911年建成的清华学堂教学楼

为更好地发展留美事业，建设中国自己的高等教育事业，在外交部和学部的支持下，唐国安和时任清廷学部主事的范源濂不辞劳苦，筹办了"游美肄业馆"，即留美预备学校，为赴美做好准备，馆址定于北京西北郊的王府旧院——清华园，修葺增建。1911年3月底，游美肄业馆定名清华学堂，唐国安被选为清华学堂名誉副会长和通讯委员。

同时，唐国安担任清华学堂副监督，拉开了清华园办学的帷幕。1912年4月，北京政府外交部取消游美学务部，其原有一切职权划归清华学堂接管，唐国安被任命为正监督。5月，清华学堂改称为清华学校，"监督"改称为"校长"，唐国安出任清华第一任校长。此后，每年都将该校高等学科的毕业生资送美国留学。

10月，清华学堂更名为清华大学，唐国安担任清华大学的第一任校长，全面引进西学体制，由此奠定了早期清华大学的基础。他积极扩大校园面积，使校园面积由最初450亩增至1200亩，清华俗称的"四大建筑"，即科学馆、体育馆、图书馆和大礼堂，也是由唐国安最初计划兴建。唐国安比较完整地引入西方高等教育体制，曾被喻为"从美国移来了一所大学"。

为了学校初期的建设、规划和发展，为中华民族的教育事业、为中华一脉的道统，唐国安殚精竭虑，付出了全部的心血乃至生命。1913年8月21日，唐国安心脏病猝发，向外交部"自请免官"，提出"因病辞职，荐贤自代"，次日下午就与世长辞，病逝于清华园，时年53岁。

珠海唐国安故居纪念馆是清华"自强不息，厚德载物"精神与南粤文化的"开放兼容，务实创新"相互融合、发展的载体；当年从这里出发远渡重洋的那个意气风发的少年，用毕生完成了自己的梦想、家国的梦想、民族的梦想。

八、近代中国杰出的文学家苏曼殊

（今珠海市香洲区前山街道沥溪社区人）

苏曼殊（1884—1918年），原名戬，字子谷，后改名玄瑛，法号曼殊，世称"曼殊上人"。香山县前山沥溪村（今属珠海市）人，中国近代小说家、翻译家、诗人。所著《断鸿零雁记》是中国白话言情小说早期代表作；现存诗作约百首，诗风清艳明秀、别具一格。

寻找苏曼殊的人生轨迹，最好从苏家巷走起。

在珠海前山街道，一棵枝繁叶茂的榕树下立有"苏曼殊故居"字样的指示牌，按箭头所指走过四五个相同的指示牌，推开沥溪村西街27号苏曼殊的家门，微风扑面，气味一下子把人带回到百余年前的旧光阴里。

那个羸弱的六岁男孩儿，曾经生疏而忐忑地打量着所有灰砖褐瓦，这里是他祖父所建，仅仅最东侧的一间房，才是苏曼殊曾经的居室。石门槛很高，进门左壁有一处香台，或者也可以放灯和烛火，香台的侧边有蓝粉相间的漆画，为这死气沉沉的古木几案和灰砖地面平添了一些鲜亮。

苏曼殊生于日本横滨，父亲为旅日华商，母亲是日本人。苏曼殊6岁回原籍，次年入乡塾，就读于简氏宗祠，深得启蒙老师苏若泉的钟爱。13岁至上海学习英文，15岁后留学日本，学习美术、政治和军事，其间与章太炎、冯自由等一道从事反清革命活动。

清光绪二十九年（1903年）辍学回国后，苏曼殊曾在苏州吴中公学任教，又赴上海任《国民日日报》编辑，开始文学翻译活动。其年冬，至长沙，加入华兴会，被派赴香港联络兴中会。归经惠州，再拜老僧为师，自此以法号"曼殊"行世。此后，他辗转祖国各地，又东渡日本，奔赴南洋，从事革命宣传、教育、办报和编译活动。辛亥革命后，苏曼殊回上海任《太平洋报》主笔，同时加入南社，是南社重要诗人。1913年，苏曼殊发表《讨袁宣言》，表达对袁氏窃国的愤怒；后赴日本就医，服务于中华革命党机关刊物《民国》；1916年回国，1918年于上海病逝，年仅35岁。

人们这样定义苏曼殊：近代作家、诗僧、画僧、革命僧……苏曼殊三次出家，35年人世，是一场红尘苦旅。他一生能诗善画，通晓日文、英文、梵文等多种文字，可谓多才多艺，在诗歌、小说等多个领域皆取得了成就。他的部分诗抒发爱国、革命情怀，多数诗主要抒写其人生经历感慨。他的爱情诗极具特色，表现出爱心与禅心矛盾的痛苦，幽怨凄婉，风格倩丽绵眇，受李商隐和龚自珍的影响较多。

曼殊的浪漫气质影响了"五四运动"前夕的一代青年人。他的文言小说都是带有浪漫色彩的爱情小说，以一种独有的幽怨感伤情调感染了当时众多青年读者。1912年发表的中篇小说《断鸿零雁记》是其代表作，感慨幽冥永隔的爱恋之苦；此后，连续发表小说，继续揭露封建礼教和金钱势力对青年爱情的破坏，具有明显的进步意义。

苏曼殊著作由柳亚子及其子柳无忌编为《苏曼殊全集》，1928—1929年由北新书局出版。

此刻，烟雨迷蒙，淅沥有声，他其实已经如此那般小心翼翼如履薄冰地走在那个纷乱不堪的年代，卑微的出身，伤痛的童年，生离死别的初恋，已经足以让一个年轻的生命处于一种无形的煎熬，他表现出来的怪诞、绝望、木讷、贪婪，都来自深入骨髓的一种匮乏，从物质的食物，到精神的眷念，对于他，自始至终，是缺的。生命常常因缺而残，天才也不例外。

昏暗的光线里，苏曼殊留给我们的《悲惨世界》《拜伦诗选》熠熠生辉，《嵩山雪月图》在冷灰的墙壁上弥散出远古的苍茫意境；那一丛墨竹，在暖色调的壁灯映照下，飘逸、潦草、苍劲，画面能呼出八月秋高的西风来。苏曼殊起身了，画面被无限扩大，芒鞋破钵，灰布袈裟，他消失在红尘深处，留下满庭春雨。"契阔生死君莫问，行云流水一孤僧。"

孙文先生的"曼殊遗墨"已成遗墨，经年不久，却伤痕斑斑，这与珠海湿润的气候不无关系，还是石雕的塑像耐光阴，日影走过，风雨交加过，没有来者也不至于寂寥。五六棵桂树常年绿着，陆续开出细小的芬芳，满院子九月菊和人参榕，遍地青苔，高墙之外，是热闹非凡的岭南小镇的人间。

曼殊的大作《梵文典》奠定着"曼殊上人"的称号，1924年，孙中山赠金修建墓碑，西子湖畔娉婷有字：曼殊上人之墓。

苏家巷，仿佛从旧时光里剪影留存，供人驻足、侧目、回眸，那半是传说半是实录的千古绝唱，近年来，越来越多的红尘客手捧地图急切地问询，他们到苏家巷来印证自己心中的那个苏曼殊。

九、新中国杰出的工人工程师唐仲谦

（今珠海市香洲区鸡山村人）

1885年出生于香山县上恭镇鸡山村（今属珠海市香洲区）的唐仲谦有着不幸的童年，家道贫寒，13岁丧父，学业启蒙较晚，1899年考入香港育才书院，终因贫困不到3年就辍学了。后随母亲务农，勉强度日，17岁跟随乡亲到上海耶松船厂当学徒。1908年，24岁的唐仲谦进入京奉铁路唐山制造厂（今北车集团唐山机车车辆有限公司），一直工作到1970年退休，他辛勤工作了61年。

在新中国铁路事业急需自己的专家的时刻，人们想起了唐仲谦，这个在自己岗位默默耕耘着、时年已经65岁的老人，也就是这一想起，让他的潜能在这个百业待兴的历史时期得到了充分挖掘和展现。中华人民共和国成立后，唐仲谦被任命为机车厂副工程师兼技术系主任，为提高生产效率，他利用工厂周六停机的空隙，将缺乏设计图纸的设备拆分，通过研究组装的过程，对机器进行仿制，为相关设备的制造提供了开阔的思路。

1949年，刘少奇同志来唐山铁路工厂视察，唐仲谦作为工程技术人员全程陪同。当刘少奇看到唐仲谦仿制的设备设计图纸和模型时，给予了高度赞扬。

千里铁道要做到安全畅通，首先路轨要安然无恙，这就需要经常对路轨进行检

▲ 唐仲谦

查。中华人民共和国成立初期，我国检查铁路轨道都是由养路工人们冒着严寒酷暑，顶着风霜雨雪，一步一步地在线路上去测量、检查，不仅效率低，劳动量大，而且检查质量也不能保证，工人们在铁路上穿行也不太安全。当时，国外已经造出了实用的轨道检查车，检查人员坐在车厢里就可以检查出线路故障，但由于西方国家对我国进行技术封锁，我们既不能购买整车，也不能引进技术。在这种情况下，铁道部把制造轨道检查车的任务交给了唐山机车车辆工厂。

1951年5月，时任国家铁道部部长的滕代远希望唐仲谦主持设计中国第一辆轨道检查车。1952年初，时任铁道部副部长的吕正操专程把唐仲谦请到北京，正式把这一任务交给他，并且勉励他："把聪明才干发挥出来，为中国工人阶级争气。"从此，唐仲谦把自己的心血全部放在设计上了。

在整个设计工作中，虽有过几十次失败，但他始终没有动摇。经过200多个昼夜的奋战，他把轨道检查车的1000多种主要机件全部设计出来了。设计确定之后，唐仲谦亲自在工厂里参加加工和组装工作。1953年5月29日，中国第一辆国产EX型轨道检查车在唐山机车车辆工厂问世并在当天上路运行！这辆EX型轨道检查车长20米，一端为瞭望窗，车体中部两侧各设一组瞭望窗，车内设有厨房、卫生间、卧铺间、修理室和检测记录厅，可为铁路工务部门提供精确的检测线路的依据。轨道检查车的研制成功，填补了中国铁路技术装备的一项空白。中国铁路工人欢欣鼓舞，为此唐山机车车辆工厂召开了隆重的庆功大会。河北省总工会、中共唐山市委先后发来了贺电。中华人民共和国铁道部专门发出文件指出："在我国现在的技术条件下，能造出这样比较复杂的高度技术产品，是我国铁路技术发展史上的一个新的开端。"

为此，铁道部决定给唐仲谦记大功一次，并授予他"全国铁路优秀工作者"称号，颁发金质奖章和发明创造奖状。

1954—1965年，唐仲谦又设计出十几种新型车辆，有的达到了世界先进水平。1954年设计的"唐山工转水炉"，能供单节客车取暖，其性能和使用条件都比苏联的优点多。1957年，毛泽东主席的专用列车需要设计一辆特殊的专用配套车辆。这种车构造灵巧，机械化程度很高，德国厂家不愿承担。铁道部把这项任务交给了唐山机车车辆工厂后，唐仲谦又顺利完成了设计与制造任务。1962年以后，年近八旬的唐仲谦又承接了设计军工专用车辆的任务。他克服了身体衰老所带来的种种困难，先后设计完成了一、二、三号军工专用车辆。同时，他还为越南设计过窄轨车辆等很多特型、新型产品，有的达到了世界先进水平，为我国铁路运输事业作出了突出的贡献。

进入20世纪60年代，我国航天工业和国防部门急需专用列车。这时的唐仲谦已是耄耋老人，但仍满腔热情地投入国防专用车辆的设计之中。1961年，他带领设计小组成功研制运送火箭、导弹的XL型"万能行李车"。随后又相继研制出了EX型振动试验车和军用XL22型1号车、2号车等机型。他们的精心设计和勤奋工作，为中国航天事业和中国自制专用列车开辟了新的天地。

1966年，唐仲谦又着手研制第二代轨道检查车。他意识到自己的年龄和身体状况已经不适应繁重的设计工作，但还是利用这次机会，将自己大半生积累的经验全部传授给年轻人，第二代轨道检查车也于1969年国庆节提前研制成功。

唐仲谦在唐山机车车辆厂辛勤工作了60余载，主持设计了39种新型机车，有30多项技术革新达到世界级水平，为发展新中国的铁道事业奉献了毕生的精力。在唐山、在铁路系统，每当人们提起唐仲谦的名字，大家总是肃然起敬。在这个工程师一抓一大把的新时代，中国铁路事业已经跻身世界先进行列，唐仲谦仍然是我们最尊敬的工程师，因为他起步于工人阶层，文化基础仅仅不足3年，他却以恒心和定力在平凡的工作岗位上，活出了不平凡的自己，担当了一代铁路人的历史重任。

人们称他为"新中国杰出的工人工程师"，唐仲谦当之无愧。

十、哲学家、教育家韦卓民

（今珠海市香洲区前山镇翠微村人）

韦卓民的故居位于珠海市翠微乡人和里三级石一横巷4号，这栋灰瓦砖墙的老宅，略显沧桑，但厅堂被清扫得干干净净，一尘不染，仿佛先人风骨犹存，严谨治学、克己奉公，所剩传家的只有两袖清风。1888年12月7日，韦卓民出生至今，烽烟滚滚，红尘不已，多少往事在此定格。

韦卓民的祖父是茶叶商人，常年在澳门与珠海之间来往。他的父亲韦鲁时，年轻时曾随祖父经商，后因生意不好做，北上汉口为当买办的堂兄做帮手，韦鲁时共有9个子女，韦卓民是唯一的男孩，全家人都对其倍加宠爱，名为"卓民"应该是希望他卓尔不群，无上荣光。

韦卓民从6岁入私塾开始就表现出天资聪颖、悟性极强的特点，到少年丧父，携悲痛和艰难，砥砺前行，于1911年以最高荣誉生毕业于武昌文华大学；从一个半工半读、发奋图强的学子到文华大学的教师，韦卓民的求学路，一路前程无阻。

个人的命运是与其身后的时代背景分不开的，韦卓民在历史上作为哲学家、教育家、学贯中西的文化巨子，著名的康德和黑格尔哲学研究专家，今天研究西方哲学的学者都绕不过他，但是他的办学之路却因为战乱纷扰、时局动荡，坎坷异常。

华中大学，在战乱中，是一所流亡的大学；在辗转中，是一所迁徙的大学；世事安稳里，是一所遴选从严的大学；历史回眸里，是一所屹立在人心中的大学。韦卓民就读于华中大学的前身——武昌文华大学，韦卓民缔造了这所大学的未来——华中师范大学，可以说韦卓民将其有限的一生都倾注于此，不遗余力。

喜洲办学期间，韦卓民始终勤俭节约，廉洁奉公，与师生同甘共苦。住的是一间不到10平方米的小阁楼旁的一间房，穿的是打着补丁的西装，一日三餐极为平常清淡。即便有远客，韦卓民也是把客人带到自己住的小阁楼上，自己拿钱请客人多吃一个菜而已。

为了华中大学的生存和发展，他殚思竭虑，呕心沥血。为了把华中大学办成武汉甚至中国有影响的大学，韦卓民把华中大学的办学特色定位为"小规模""重质不重量"。他认为，在中国现代化已经起步且又受到严重阻抑的情况下，华中大学应"一意讲求高等学术"，为中国培养"立德立言立功，发奋天下为雄"的高水平人才。

从治学的角度，我们看到了身处顺境和逆境的韦卓民，是一样的进取、敬业、精益求精。哈佛名师威廉·霍金教授是他的导师，其学术造诣很深，对学生要求极其严格，给韦卓民开列许多必读书目，每周听取汇报，进行点评指导。严师出高徒，韦卓民勤奋学习，仅用1年的时间就修完了3年的硕士课程，1919年顺利通过硕士学位论文答辩，获得哈佛大学哲学硕士学位。一年后，他又修完了博士研究生的全部课程，学习成绩全优。因不愿坐等论文答辩时间，他提前回国，任文华大学哲学教授。韦卓民回国后，霍金对他这位得意门生念念不忘，他后来这样评价韦卓民："只要你认识了韦博士就忘不了他……他的活力与敬业精神，令我感动……"

哈佛是全世界顶尖人才汇聚的地方，能得到如此的认可，实属可贵，更可贵的是，韦卓民在至暗时刻，毫无畏惧，安之若素，从1957年起，尽管被错误打成"右派"，且年届古稀，他仍以极大的毅力，把康德的8部著作300多万字翻译出来，其中有4部公开出版。与此同时，他还撰写和翻译了4部关于黑格尔哲学和逻辑学等方面的著作，达100多万字。遭受着不公与屈辱的日子，反而成为他个人学术成果最多、学术水平最高的时期，他也被公认为西方哲学史的著名研究专家。"文革"期间，他已年过80岁高龄，仍孜孜不倦地撰写《黑格尔〈小逻辑〉评注》，直到1976年逝世前几天，共撰写了50多万字，可惜未能完稿。

韦卓民辛勤劳动的学术成果，是留给后人的一份珍贵文化遗产。他的遗著包括西方哲学、逻辑学与科学方法论、宗教学、中西文化及其比较、教育学等90部，达七八百万字。为此，华中师范大学专门成立"韦卓民遗著整理小组"，从20世纪90年代起，陆续将这些著作整理，由华中师范大学出版社出版。

韦卓民先生为华中师范大学留下了宝贵的精神财富，从少年时发奋图强，青年时代积极推广中国传统文化、传播孔孟之道，终其一生严谨办学，致力于教育和哲学研究，不拘一格选拔人才，委以重任，早期办学期间，为了解学生思想、指导学生学习，加强对学生的管理，韦卓民还借鉴英国的做法，在学校里推行"导师制"。一、二年级的学生有生活导师和一般业务导师，三、四年级的学生有专业导师。导师每月必须和学生共进一次晚餐，以密切关系。韦卓民订立的制度，看似严苛，却很好地保证了毕业生的质量，对于今天的中国高校，仍有很好的参考价值。

怎样把当下的学生的被动学习变为主动学习，就像当年以韦卓民为代表的华中大学的学子，发奋图强，无论战火纷飞还是时局混乱，东奔西走之间也保持了高出勤率，并涌现出大量学有所成者。韦卓民的故事，值得我们每一个人认真回忆，用心反思。

十一、革命家、教育家韦悫

（今珠海市香洲区前山镇翠微社区人）

韦悫（1896—1976年），香山县翠微乡（今珠海市香洲区前山街道翠微社区）人。13岁加入同盟会，参加过辛亥革命，后任上海市副市长、教育部副部长兼文字改革委员会副主任、华侨大学代理校长等。他领衔倡导了汉字简化革新运动，为我国汉语言文字改革做出了巨大贡献。

韦悫1896年出生于翠微村人和里，现在走近人和里，不难发现在烽烟滚滚的历史进程中，这里几近被人遗忘，牌坊上依稀可辨"人和里"三个大字，新旧事物在此碰撞、交替。

韦悫自幼由祖母陈玉琼抚养，6岁进私塾读书，9岁入学广州南武学堂附设两等小学，继而入读中学。少年的韦悫就不满清政府的腐败和卖国外交，带头把辫子剪掉，并加入同盟会，这也象征了他在自己思想境界里的"除旧革新"和"从头开始"的革命志向，韦悫的一生走出了一条非比寻常的革命道路。

韦悫个人的命运和20世纪初积贫积弱的中国的大环境紧密相关，当时涌现出了许多躬身实践的救国理念，如"实业救国""教育救国"，最震撼韦悫的事件是1911年10月10日武昌起义成功，所有的广州革命党人深受鼓舞，直接呼应革命，在

▲ 韦悫

10月25日策划爆炸刺杀清廷新任广州将军凤山的行动。年仅15岁的韦悫正是在青春年少意气风发的时候,凭着超凡的革命志向和行动力,参加了这次投放炸弹、袭击清廷官吏的革命行动,也因此成为清政府的通缉要犯。

1912年,民国南京临时政府刚成立,孙中山通过广东都督胡汉民拟定派遣韦悫等3名青年赴英国留学,但是不久后二次革命发起,韦悫因为积极参加讨袁斗争而未能成行,却在命运交会中与孙中山有了不解之缘。风云际会,韦悫在辛亥革命胜利之后,以20岁的弱冠之龄赴英美留学,这是他人生的幸运转折点。当韦悫上完英文补习学校,到大学读机械工程的时候,睿智的他有时间仔细琢磨课程,思考自己的未来走向,逐渐有了弃工学文之举。韦悫用7年时间奋发图强,取得了美国芝加哥大学的哲学博士学位。

对于青年韦悫来讲,在欧美的留学经历,及取得的留学成果,为其后来回国的革命和教育事业奠定了坚实的学术基础。

纵观历史,作为革命家的韦悫却始终处于革命的边缘地带,这个辛亥革命时期的热血青年,后来又经历了两次加入中国共产党,而党员的身份是在1960年才公开。韦悫用其一生在教育领域开拓创新、贡献,成就斐然,他本身有良好的教育学术训练、完整的学历教育,在投身革命初期,与蔡元培等教育巨子过从甚密,加上他回国后在多所学校任教,1929年又被任命为国民政府上海教育局长、教育部处长等多种与教育有关的职务,使其成为教育家有了必然性。

1921年5月5日,孙中山就任中华民国非常大总统,得知韦悫已学成回国,遂委任他为其秘书兼革命政府外交部秘书;1921年6月,韦悫受孙中山委派为革命政府代表,出席在檀香山举行的太平洋教育会议。当时,北京政府代表蔡元培让他以中国代表团代表的名义在大会发表了演说;1925年,他曾与毛泽东畅谈了一个多小时。在毛泽东启发和廖仲恺(当时任国民党中央农民部长)的帮助下,韦悫曾到广东中山县做农民运动工作;1949年5月,上海解放,韦悫任上海市人民政府副市长。9月,他作为代表参加了在北京举行的中国人民政治协商会第一届全体会议,10月参加开国大典,11月被任命为教育部副部长,以后又兼任中国文字改革委员会常务委员、副主任等职务。

1954年,他被选为第一届全国人民代表大会代表,发表了《庆祝第一届全国人民代表大会第一次会议开幕,为实现文字改革而奋斗》的文章,作了《关于文字改革的问题》的报告,反复强调文字改革的重要意义,以及汉字拼音化和简化汉字的必要性。

我们今天所使用的简化汉字,大大加快了认读和书写速度,从繁体字解放出来,是韦悫在中华人民共和国成立后着力于汉字改革、简化字推广的结果之一,这不但对于当时绝大多数不识字的中国人来说,是一个福音,而且对于普及教育以及20世纪50年代的扫盲运动,无疑是一种巨大的推进力量。

1956年,中央决定成立中央推广普通话工作委员会,韦悫等为委员。以后,他发表了不少文章,阐述了推广普通话的工作方针和要点,还深入基层,亲自视察许多地方推广普通话工作。1964年1月,韦悫被选为第三届全国人民代表大会代表。当年夏天,经中央华侨事务委员会主任廖承志的提议,中央调韦悫到福建华侨大学任代理校长。在华大期间,他十分重视师资队伍建设,经常深入基层与教师座谈教改和思想教育问题。

韦悫提出了"行验教育法",理论上讲究"以行动为学习的方法,学习为行动的试验",这种重视青少年到社会生活中实践体验的教育方式,其理论意义与实践成果都给教育界留下了一笔非常宝贵的财富。他讲的"不能读死书",其实就是在修正"应试学习""学而不能为其用""把书读活"正是"行验教育法"的精髓所在。

1966年"文化大革命"开始,韦悫在华侨大学被认定为"资产阶级当权派"与"资产阶级反动学术权威",遭到造反派批斗。1970年1月,华侨大学解散。韦悫从泉州回到北京。

韦悫一生经历动荡的年代,从懵懂之间剪去辫子的少年,至热血沸腾投身辛亥革命的青年,谦谦有为中国解放事业默默奉献的壮年,学富五车献身教育事业的中年,著作等身仕途坦达的晚年,他在教育领域躬身实践,可以说适得其所。

  1976年11月25日,韦悫在湖北省宜昌市病逝,终年80岁。那个剪掉辫子勇于革新的少年,渐行渐稳地走完了自己的一生,那个特定的时代需要他,我们当下的社会进程中也需要这样的教育家。

十二、中国航空事业先驱陈庆云

（今珠海市香洲区南溪村人）

无际天幕，蔚蓝深邃，那是一片令人神往的领域，大家都知道珠海有个举世闻名的国际航空航天展，以实物展示、贸易洽谈、学术交流、飞行表演及地面装备动态演示为主要特色。在珠海历史上，曾经出现过一位中国航空事业的先驱——陈庆云。没有陈庆云，就没有中国航空事业的起步和基础。

陈庆云（1897—1981年），字天游，出生于香山县南溪村（珠海市南溪），陈庆云3岁时随父母侨居日本，在横滨结识了孙中山，受其影响1914年加入中华革命党，他对孙中山的"航空救国"主张，十分赞同，向孙中山表露意欲从事航空事业。后孙中山在日本筹办了中华革命党航空学校，由日本飞行家板本寿一任教官，陈庆云即在该校学习，后经孙中山和廖仲恺推荐，到美国纽约寇提斯飞行学校受训。1917年，陈庆云毕业后回国，任孙中山侍从武官，协助创建革命空军，开辟广州东郊珠江畔的大沙头为水陆飞机场。航空局成立后，陈庆云任空军队长。

▲ 陈庆云

1918年4月，陈庆云任孙中山大元帅府参军处副官、航空局第一飞机队副队长，与杨仙逸、张惠长等人奉孙中山命令赴福建组建援闽粤军飞机队，任队长；1922年任北伐军飞机队副队长，率飞机12架参战；1924年，孙中山指示蒋介石在广州大沙头创办广东军事飞行学校，其任总教官；1927年6月，任广东航空学校教育长。

1928年，为了宣传"航空救国"，提高国人对航空事业的认识，航空处举行环国长途飞行，分两次出航，水陆并进。第一机组采用"莱茵"陆上飞机，命名为"广州"号，于11月11日从广州大沙头飞机场起航，途中降落武昌、南京、北平、奉天（今沈阳），续飞天津、上海、南昌，于12月18日回航广州；第二机组采用"莱茵"水上飞机，由陈庆云率同黄光锐、周宝衡、梁庆铨（机械师）组成，命名为"珠江"号，于12月8日从广州珠江河面起航，沿海岸线北飞，经汕头、福州、杭州、宁波等地上空直达上海，续飞汉口、长沙、桂林、梧州，于12月30日回抵广州。在没有导航设备和地面设施简陋的情况下，多次穿越暴风雨、大风雪和浓云迷雾的恶劣环境，完成了中国航空史上第一次环国飞行壮举，对全国的航空事业起到了推动作用，也唤起政府和民众对航空事业的重视。陈庆云在这次飞行中，功不可没。

在"广州"号、"珠江"号飞行过程中，受到所到各地政要和群众的热烈欢迎，足见发展航空业的信念多么鼓舞人心。

11月15日，"广州"号飞往南京，13时30分降落南京明故宫机场，受到冯玉祥将军和从广州专程赶到的李济深，以及当时南京政府军政界头面人物及各界代表数百人的热烈欢迎，冯玉祥代表国民政府，孙科代表国民党中央党部，李济深代表中华航空协会中央执行委员会各致欢迎词，场面空前热烈。

17日14时，南京各学校、社团及军队约5万人，与南京市政府、江苏省政府在明故宫机场召开盛大欢迎会。会上先由胡汉民致辞，戴传贤发表演说，会场悬挂的宣传标语有："飞行是促进国利民福的第一武装""飞上天都做得到，何事不成？""此为中国空军建设努力的表现""举国一致迎头赶上世界最新之文化"等。会场中央停放着"广州"号，并由两架苏制P-1M5型侦察/轰炸机"中山-1"号、"中山-2"号和一架法制布雷盖-14B2轻轰炸机"民权"号伴随，供群众参观。会前曾先由"广州"号凌空散发红白色宣传"航空救国"的传单。会后举行盛大游行，队伍长达数华里，蔚为壮观。

这两次长途飞行曾惊动中外航空界，同时也属于对中国当时开辟民航航线的预告。在其影响下，不久后交通部和广州开始办理民航航线。

1929年1月，陈庆云任虎门要塞司令兼广东海军副司令，曾参与讨伐附桂的第四舰队，事平后得到南京政府嘉奖；1931年任广东省政府委员兼广州市市长，同年当选为国民党候补中央执委；1934年在南京任军委会航空委员会主任。1936年2月中旬，调任中央航空学校校长兼教育长；1938年改任空军募款委员会主任委员。抗战爆发后，陈庆云赴美国发动华侨捐资购买飞机，支持祖国抗战。1941年后任国民党中央海外部部长兼中国航空建设协会常委、总干事，曾当选为国民党第五、六届中央委员会执委；1949年去台湾，1966年退休后侨居美国，1981年在美国纽约病逝。

陈庆云虽一直在中央与广东身居要职，但对家乡的建设与民生的改善亦十分重视和关心。1930年2月，出任中山县训政委员会委员，积极支持唐绍仪建设中山模范县的各项活动，如集资兴办企业，兴建中山港工商炼油公司，开展交通、市政建设，筹备建立总理纪念中学等。

陈庆云所带来的后世影响，九万晴空定有追忆。

十三、新中国电力工业开拓者鲍国宝

（今珠海市香洲区山场村人）

1978年10月，中国电力工程专家鲍国宝戴着的未摘掉的"反共救国军司令"的帽子离开了人世。1994年，中央发了一份通知："经研究，鲍国宝同志可按我党地下工作人员对待，其参加革命工作时间从1948年10月1日算起。"这则通知把人们的记忆瞬间拉回到多年前的历史时空，今日霓虹闪烁、万家灯火的盛景里，我们应该深切缅怀这位用一生为我们"送电"的人。

▲ 鲍国宝

1899年5月5日，鲍国宝生于香山（今珠海香洲山场村）一个茶商家庭，接受了良好的教育，18岁时，他进入北京清华学校，一年后由公费资助到美国康奈尔大学就读机械工程专业。毕业后，鲍国宝因成绩优异被授予"金钥匙"奖，同时开始在美国著名的发电厂实习。

1923年，鲍国宝学成归国，像当时很多中国留学生一样，渴望着用知识和技术报效国家，然而，当时中国电力的发展相当缓慢，电力企业有的关厂停业，有的为外资兼并，英雄无用武之地的鲍国宝先后在浙江工业专门学校（浙大前身）电机系和上海交通大学机械科任教授。直到5年之后，他收到来自南京建设委员会的邀请，担任电业处副处长，自此再没离开过电力的建设、经营和管理。

鲍国宝更大的兴趣是参与电厂的建设而不是"做官"。20世纪30年代初，政治局势相对较稳，电力领域大批技术专家陆续回归，鲍百铸回忆伯父鲍国宝时这样说："他希望能带头上一线。"

1930年1月，鲍国宝受命负责建设南京新电厂，历时3年建成。在揭幕典礼举行前一周，他却被调往福州，主持又一个新电厂的建设。

1937年抗战爆发，在广州沦陷前夜，鲍国宝受命坚持供电，鲍国宝的下属王平洋在回忆文章中写道："市区受到轰炸无辜死者的尸体尚未收拾，电线工已经出现在街头电线杆上抢修。海珠桥上，敷设的电缆发生故障，敌机还在上空盘旋，我们就在嗡嗡声下不停地抢修。"当时的情况如果广州失守，就需破坏电厂。当日军即将长驱直入的消息传来，他接到了当时的广州市市长的电话："我先走了，你好自为之。"

当时的原则是"电厂不能留给敌人"，所以得知广州失守的鲍国宝，随即与西村电厂厂长楼钦忠赶到电厂，路上已隐约听到炮声和坦克车的轰鸣声，来到西村发电厂，他发现预定破坏电厂的国民党工兵和炸药已不见踪影，他们只能自己找来些棉花、稻草之类的易燃品，浇上汽油，塞在发电机机芯和周围，无奈地点上火，烧毁了自己辛辛苦苦建成的西村电厂。他们直到亲眼看见火焰穿过发电厂的屋顶才最后撤退。

12月，杭州、汉口、湘潭等各地的大量电力设备也被这样处置。看着这些用无数心血和资金建起来的电厂被亲手毁弃，工程师们的痛苦无异于看到自己的孩子命殒眼前。

在不同的历史时期，鲍国宝为电力输送和交接做了大量的工作。

抗战胜利后，鲍国宝担任冀北电力公司总经理。上任后，他首先解决的问题是向察中地区送电；北平解放前夕，鲍国宝主持修线工作完成，北平城得到了来自解放区的电力；1949年1月底，即将解放的北京城，鲍国宝的办公室安排了一场特殊的见面会，军管资源委员会军代表徐驰，在这里见到了资源委员会在北平的各单位负责人，办理了接管事宜；解放军进城后，鲍国宝将冀北电力公司全套发电设备和一批电业人员完整地交到人民手中，为日后京津唐电网的迅速恢复，保证人民生产和生活用电作出了重要贡献。

历史不会忘记，1948年隆冬，天色渐暗的北平城，街道上路灯全熄，室内烛光如豆，人们在一片漆黑中等待着围城后的第一次电力供应。

北平城外，围绕电力供应的战斗正激烈进行。12月14日，京西咽喉要道附近，解放军先头部队与企图占领发电厂的国民党军队激战，而这里正是负担着整个北平供电任务的石景山发电厂。最终，解放军夺取并修复了石景山电厂。

突破重重阻力，终于尚在围城状态下，灯火就点亮了沉寂如墨的北平城。电，照亮长夜，迎来解放的曙光。

1950年，燃料工业部为管理电力工业，专门成立电业管理总局。在局长人选的确定上，中央看中了当时电力系统资格最老的技术专家鲍国宝。在周恩来的亲自任命下，鲍国宝成为新中国电力事业最早的一位技术派领导者，真正做到"永不退休"。

鲍国宝在中华人民共和国成立后的电力工作中，无论是在局长的职位还是在技术领域做专家，只要做着与电力相关的工作他就满足，他就会一直忙碌，"一五"计划期间，鲍国管理的范围包括苏联对东北抚顺、阜新、富拉尔基三个电厂的恢复以及苏联援建的太原、郑州、西安、重庆、乌鲁木齐等五项工程。

到"一五"计划末，中国新增的装机容量已高达246.9万千瓦，也就是说，中央人民政府用8年时间超越了旧中国67年的全部电产量。

然而，1966年，"反共救国军司令"的帽子扣了下来，先是3年的隔离审查，接着又前往河南劳动，让鲍国宝遭受挫折。身心受到极大伤害的情况下，他仍然关心国内电力工业和能源发展，儿子鲍百容发现父亲的案头摆满了稿纸，鲍国宝对发展我国电力事业的建议文章也越来越多。鲍百容说："一天，父亲特别高兴，他的一篇文章登在了部里的简报上，文章刊登不久，中央领导找部长谈发展电力的事，父亲希望他的文章会有帮助。"

鲍国宝撰写的《建议利用天然气和石油作为发电的过渡能源》《远近结合

利用各种能源发电、加快电力工业发展》等系列文章，呈送给国家电力部领导，引起关注。1976年，鲍国宝被聘为电力部技术委员会顾问。年过七旬仍参与英国科学家李约瑟《中国科学技术史》的翻译以及《物理学词典》《中文科技词典》的编译工作。

1978年10月5日，鲍国宝因患脑癌在北京病逝，留下一批译稿和写给编辑部的信函，至此，他已经为电力事业奋斗了整整55年。

十四、著名爱国人士、大律师莫应溎

（今珠海市香洲区唐家湾镇会同村人）

珠海市会同村有莫氏宗祠和祖居，莫氏宗祠年久失修有一些破败，让人感到时间飞逝，往昔盛景难再，这里走出了许多莫氏代表人物。莫氏祖居的保存状况好一些，树木参天，院落里摆放着橘红色的沙发和藤椅，褪色很明显，但是从这里走出去的著名爱国人士、大律师莫应溎的名字，却在历史的册页上留下醒目的一笔。

莫应溎出生于1901年8月8日，4岁时到香港，幼年就读于岭南学堂（即美国教会创办的岭南大学前身）、香港皇仁书院。1920年留学英国，先后在剑桥大学经济系和伦敦法学院学习，1924年取得经济学学士文凭和大律师资格。大学

▲ 鸟瞰会同古村落

▲ 莫应溎

毕业后，他回到香港，从事律师职业。也是在这一年，莫应溎帮助了叶剑英率领的革命部队脱险。当时叶剑英率领的革命部队乘船从大陆去港，被扣于香港长洲。莫应溎受地下党员之托，向香港警务处长京士交涉，以一己之力解救众多官兵。

莫应溎的事业是从糖业开始的，1928年被聘任为太古洋行的帮买办（副买办），主管糖厂，负责推销太古糖。由于他推销太古糖成绩显著，不久便被提升为太古洋行糖业部的华籍经理，享有优厚的待遇。

尽管莫应溎忠实地为太古洋行效力，但英商对华籍职员仍不信任，他们垄断生产技术，甚至阻止莫应溎到糖厂内部参观。此事使莫应溎深感为外国人服务，无论如何也得不到信任，他盼望自己的国家能把制糖工业发展起来。

1932年1月28日，日本侵略军进攻上海时，莫应溎作为一个经济法律专业人士义愤填膺，义无反顾地投入募捐募款、抗日救亡的民族运动洪流中，曾组织一支由75人组成的"香港华人救伤队"，自任队长，捐献了一部救护车，携备药品及医疗器械亲赴上海抢救抗日部队。他还设法募捐了几万港元转送19路军上海办事处，支援残疾军人教养院。"七七"事变发生后，莫应溎又组织了"中华救护会"，训练了数百名爱国侨胞回内地服务，以广州一德路南益市场一座楼房作为总部开展工作。尔后，随着抗战形势的发展，莫应溎亲赴南洋，开展抗日宣传，为取得合法募捐地位，在新加坡向七洲府华民政务司备案，得到许可，在英国各属地募捐了数十万元巨款。同时组织侨胞救护队回国服务，成为著名的爱国侨领。中华人民共和国成立后，宋庆龄和蔡廷锴对莫应溎谈及此举时也曾予以嘉勉。

1933年3月，莫应溎为在广东投资建设糖厂问题，由香港来到广州，经与广东当局反复协商，最后确定：糖业生产方面由政府负责经营，销售方面则由莫应溎联合省港糖商向政府承包经营。自1934年6月起，莫应溎承包了广东食糖的营运与销售，在广州设立办事处。当时陈济棠实行糖业统制政策，莫应溎成为蔗糖营运商，既为太古洋行运销太古糖，又为陈济棠推销"无烟糖"，一举两得，均获大利，不过，后续因种种原因，莫应溎放弃了蔗糖营运业务，担任广州大隆行、穗港存义行等企业的经理。

1950年，莫应溎以香港华商总会董事兼交际组组长身份被推举为香港各界庆祝中华人民共和国成立一周年筹委会主席；广州解放后，莫应溎以"港澳华侨工商界东北观光团"副团长身份回到广州，受到叶剑英的接见。

1950年9月30日，身为香港华商总会董事的莫应溎，力主在华商总会升五星红旗，全体董事争论了三个多小时。会上，莫应溎大律师以其法律观点，又以大陆所见的事实，侃侃而谈，消除反对者怕得罪港英当局的顾虑，赢得了多数。在10月1日上午8时，五星红旗终于在华商总会冉冉升起。接着莫应溎又与各知名人士一起筹备香港华人革新会活动。那时香港发生了广东救济会慰问团被袭击的流血事件，港英当局宣布莫应溎为"不受欢迎的人"，限令48小时内离境，莫应溎于1952年9月23日离开香港回到广州。

1984年12月19日，中、英两国政府关于香港问题的联合声明在北京正式签字。翌年，莫应溎被委任为《香港基本法》起草委员会委员。1985年与香山人郭棣活一起，被选为香港特别行政区基本法起草委员。

珠海会同村的故居，已经看不出当年的模样，而莫应溎在社会风云变幻中，曾经是一个传奇式人物，也是一名"香港通"和"广州通"，他担任过广东省第一、第二届和广州市第五届人大代表，市政协第一至第四届常委和第五届副主席。他爱国、爱港、爱民，直到90岁寿辰还把自己亲友送来的贺礼买成了大米，捐献给灾区群众，仁爱之心伴随其一生，满怀热忱，值得历史铭记。

十五、著名妇产科专家唐淑之

(今珠海市香洲区唐家湾镇人)

"北京友谊医院原妇产科主任、教授,无党派民主人士,北京市第五、第六届政协常委,我国妇产科学界有贡献的知名专家唐淑之,因病医治无效,于1999年10月15日在北京逝世,终年92岁。"1999年11月4日,《光明日报》的一则讣告沉痛宣告了一位世纪老人的离世,有人说她是生生不息的光明使者,有人赞她"爱天下悬壶济世,送子观音"。今天我们从珠海唐家湾镇开始追寻唐淑之人生的足迹。

唐淑之,祖籍珠海唐家湾镇,1907年10月23日出生于上海。祖父唐吉轩是上海华茶大公司的创始人之一;唐淑之的父亲唐韵泉原是唐吉轩的总账房先生,家道中落后,成为一名铁路员工;母亲梁凤云是家庭妇女。唐淑之自小聪明伶俐,父亲将她送到女子学校读书,直到1934年在国立上海医科大学毕业,获博士学位。

27岁的唐淑之与同学同为医生的王霖生结婚成家。平静的岁月总是短暂的。紧接而来的就是卢沟桥事变、淞沪会战……抗日战争时期,唐淑之与身为外科医生的丈夫王霖生携手参加了红十字会战地救护队,救护过不少与日寇英勇作战负伤的军队官兵,这是那一代知识分子在民族存亡面前的职业操守。一次,王霖生与唐淑之冒着日寇疯狂的炮火,在硝烟中救护伤员时,一颗炮弹呼啸着飞来,王霖生在自己卧倒的同时,飞起一脚踢倒并救了一位站在身旁的队友。为了表彰唐淑之和王霖生的献身精神,红十字会在战地奖给他们两座奖杯。唐淑之和王霖生将这两座奖杯装满了从战地伤员身躯中取出的弹片,以作纪念。

上海沦陷后，唐淑之为了祖国的尊严，不顾生活拮据，毅然和10名有爱国心的主任医师一同辞去主任医生的职务，以表示对亲日派医院高层的抗议。开设"唐淑之诊所"。在开设诊所期间，唐淑之降低诊费、免费为穷人诊病，甚至把收入直接分发给穷苦百姓，这样的事不胜枚举，善名远播。

1949年10月1日，中华人民共和国诞生了。唐淑之毅然放弃开诊所所获得的丰厚收入，投身到中华人民共和国医疗事业中来。1951年，44岁的唐淑之正式进入国家的医疗机构。1956年又奉调从上海到北京医院工作，并专职从事妇儿科工作。1958年，调往北京友谊医院扩建妇产与少儿科并担任主任医师。1960年，唐淑之的译著《外科生理学·妇产科》面世，继而唐淑之在第一线勤奋实践，一面又著书立说，中国妇产科学一位实践与理论相结合的专家跃然世间。

中国的人口出生死亡比例，在旧中国几乎是一个天文数字，大多数农村的孕妇几乎都靠接生婆，有的甚至在田头村边一旦临产只能艰难地自理，产妇与新生儿因感染死亡的数字，几乎到了不可忍受的程度。

唐淑之就是以她精湛的医术，高超的接生技术，把一个个新生婴儿从黑暗中引渡到光明的人间。作为一个生生不息的光明使者，唐淑之还钻研不孕的成因，使一个个患者得以喜得贵子。

关于宇宙的起源、关于生命的起源，从来都是一个形而上的哲学问题。而唐淑之却在血污中寻找酸碱平衡，寻找生命的源头、寻找卵子与精子的碰撞、寻找新的生命的诞生……

一个妇产科医生，她所承担的工作压力与生活压力之大，是一般工种从事之人难以想象的。唐淑之在超强的工作负荷面前，是一个称职的人人称赞敬佩的医生，而唐淑之的科研成果，更是饱含着一颗仁者之心的智慧。她相继翻译、出版了《肺结核与妊娠》《妇产科手册》等专著。

她应该是含笑而去的，因为她是把生命引渡到人间的光明使者。医者仁者，仁者寿也。后人仰望缅怀那一代德高望重的前辈，其实是我们自己在反省与回顾，鞭策自己像他们一样努力前行。

十六、教育家、植物学家容启东

（今珠海市香洲区南屏镇人）

在珠海，南屏容氏家族，可谓"诗书传家远"的典型范例，有人以"近代中国第一个留学家族"称之。这个家族，绕不开中国近代著名人物——容闳。正是他力倡幼童赴美求学，让"西风东渐"这个词成为中国历史上一个闪光的词汇，也给容氏家族带来了非同一般的希望，容氏子弟在他的直接或间接影响下，纷纷赴外留学，以至于容氏一族的留学教育形成家族"传统"。容闳的族弟容星桥便是第三批免费留美幼童之一，后曾为孙中山的高等顾问。容星桥的11个孩子中，有8人留学于美国，他的幼子容启东便是其中之一。

容启东（1908—1987年），著名教育家、植物学家，曾任香港崇基学院校长、香港中文大学首任副校长，生于香港，13岁以前一直在香港的私塾接受中文教育，师从名重一时的学究刘伯端、俞叔平、陈子褒。后来，他在青年会夜校补习英文半年，考进了岭南中学。1925年，容启东顺利成为广东省考取清华大学的4名学生之一。在清华学习的第一年，由于国语水平和数学功底薄弱，容启东一度落后，但凭借发奋图强的毅力，很快提高了学习水平。1929年，容启东从清华毕业，面临着多种选择，他可以随父经商，也可以出国继续深造。然而对植物学非常着迷的容启东，深感当时中国生物学界人才缺乏，中国的生物工程领域急需发展，同时他受到父亲容星桥"不辱乃祖，服务中华"教诲的深刻影响，毕业后毅然留校任教，达6年之久。

当时，中国的生物学发展尚属萌芽阶段。以松树果子为例，中国漫山遍野皆是，但清华的生物讲师只能按美国松树的结构讲授，标本也要由美国空运到中国。容启东凭借自己对生物学中植物科的浓厚兴趣，坚持留下来教授培养更多的中国知识青年，为中国第一代生物学的研究启蒙作出了自己的贡献。容启东在清华大学任助教期间，还曾协助校方将收集到的中国植物标本制作切片和炮制，作为中国生物学的标本教材，这可能是中国生物学界最早的自制标本教材之一。

1935年，容启东得到了清华大学一年的休假时间，他利用休假进行深造，获得了美国著名学府芝加哥大学的邀请，赴美继续攻读生物学。

在当时的芝加哥大学，一年有4个学期，如果要获得博士学位，必须完成9个学程。也就是说，如果容启东想要获得芝加哥大学的生物学博士学位，最短需要三年的时间。除了时间，摆在容启东面前的还有另外一个难题：语言。当时芝加哥大学规定，博士学位获得者需要通过德语和法语的学习并考试合格，这对于一位中国留学生来说，难度很大。

功夫不负有心人，容启东通过刻苦努力，只花了两年时间，直接越过硕士学位而获得博士学位。1937年8月，容启东的博士论文《水稻幼苗成长过程的剖析》通过答辩，引起美国生物学众多专家的强烈关注，而容启东却连芝加哥大学的毕业典礼都没时间参加，匆匆乘船返回战火纷飞的祖国。

"不辱乃祖，服务中华"之父训的影响下，容启东学成归来，即投身于满目疮痍之中国的教育领域，像当时各种领域的热血男儿那般，真正做到了在其位、谋其职，即便在战火纷飞的艰苦岁月，仍不改其志，"执教鞭"便是他对抗枪炮硝烟的方式。

归国后的容启东，先后任西北大学教授、岭南大学教授、系主任、理学院院长等职。1944年受美国国务院聘请，赴美讲学。抗战胜利后，任岭南大学理工学院院长兼岭大预算、人事委员会委员，参与岭南大学校务决策。1951年，容启东应香港大学之聘，任该校植物学高级讲师，曾兼任植物学系主任。先后在国内外科学杂志发表论文多篇，为学术界所重视。他也是美国sigmaxi荣誉学会会员及国际植学形态学会创办人。

容启东以学术融汇东西，以师德名扬中外，所获殊荣无数，皆为实至名归。1959年，容启东被选为崇基学院院长。1963年香港中文大学成立时，任容启东为首任副校长；香港大学和中文大学，均先后授予他法学博士学位；1964年被委任官守太平绅士；1966年英女王颁授"O. B. E."勋衔；1975年夏退休，香港中文大学崇基学院仍授予"名誉校长"荣衔。

为了感谢容启东的帮助，1977年，国际知名的植物分类学家胡秀英博士在其专著《香港的兰花种属》出版时，特意在扉页上写明将该书献给崇基学院名誉校长、植物学家和教育家容启东博士，并将她在大帽山发现的一种兰花新品种命名为"容氏开唇兰"。

像容氏家族许多远走海外的族人那样，容启东后来去了香港。在他看来，哪里有教育的需要，他就应该去哪里——教育是他的魂。但他最终仍然落叶归根。1987年11月26日，容启东以高龄仙逝于香港，遵照他的遗嘱，夫人何露珍女士将其骨灰运回家乡，安葬在其父母容星桥夫妇墓旁。

十七、粤剧名伶唐雪卿与粤剧编剧唐涤生

（今珠海市香洲区唐家湾镇人）

唐雪卿与唐涤生的祖籍是珠海唐家，他们是堂姐弟。在粤剧领域，他们姐弟殊途同归，以各自不同的方式为粤剧的发展和传播作出了自己的贡献，一个被称为"粤剧红伶"，一个被尊为"粤剧之父"。

唐雪卿被世人称之为"名媛""明星"和"名伶"。

关于唐雪卿的出生年份，《唐家湾镇志》上的记载是1908年，但珠海市博物馆研究员说，其出生的真实年份已不可考。唐雪卿系民国政府第一任总理唐绍仪的侄孙女，唐雪卿的祖父唐植兴是清末民初活跃于上海的茶商，家境颇为富有。唐雪卿聪颖过人，性格热情活泼，爱好广泛，嗓音清亮，喜欢音乐，长于舞蹈，除了粤曲，还熟悉江浙民歌小调，爱演话剧、电影、京戏等，但她的父亲不愿让爱女抛头露面，反对女儿以艺术为业。

唐雪卿与"名媛"的身份决裂，走向"名伶""明星"之路，与她在16岁的时候父亲去世有直接的关系，父亲去世加上时局影响，已经显现家道中落，也是与阮玲玉命运中交错，宿命中亦有红颜薄命之劫数。

唐雪卿幼年爱好粤曲，曾在广东著名音乐家邓叔宜指导下学唱粤曲与演奏扬琴，亦妆亦唱、亦演亦做，成绩斐然，等到唐雪卿中学时期，就已经成为"唱作俱佳、运用自如"的妙龄花旦了。在启秀女中毕业后，与同乡阮玲玉过从甚密，结识电影界名人张文达，并由张推荐入晨钟影片公司任《悔不当初》影片中女主角，显示其演剧才华，开始在粤剧领域崭露头角。

粤剧著名小生薛觉先由穗至沪，与张文达合资组建非非电影公司。在张文

达敦促下，唐雪卿由"晨钟"转入"非非"，任女主角，与薛觉先合作拍制《狂蜂浪蝶》，并经常与薛同台演出粤剧，感情增进，结成良缘，建立"觉先声"班，夫妻俩以演出《白金龙》一剧而名噪一时。《白金龙》是唐雪卿电影事业的高峰，此片由唐雪卿夫妇创办的"南方影片公司"与"上海天一影片公司"联合摄制的，也是我国第一部粤语对白唱歌的有声影片，创造了当时卖座率最佳、放映时间最长的纪录。

唐雪卿投身艺坛始自电影创作，她一生中参加拍摄并担任主角的影片有《白金龙》《璇宫艳史》《茶薇香》

▲ 薛觉先（左）女妆打扮与夫人唐雪卿合影

《毒玫瑰》（后改名为《红玫瑰》）、《歌台艳史》《生活》《俏郎君》等数十部无声和有声影片。与此同时，唐雪卿身兼电影明星和电影家，和丈夫薛觉先自组或与人合作创办了觉先、南方、南粤等电影公司，开创了粤语电影的先河。

由于唐雪卿与薛觉先组建的南方电影公司和邵醉翁组建的天一电影公司拍摄粤语影片效益颇佳，香港、广州等地都掀起了粤语电影的热潮，粤语影片兴旺至今。

唐雪卿在1931年"九一八"事变爆发后，参加了游艺筹款活动，选唱新曲，募款援助马占山将军和十九路军。当时全国人民同仇敌忾，声讨日本侵略者。薛、唐夫妇不仅积极捐款抗日，还开办平民义学。

1938秋，已经是粤剧名伶的唐雪卿返乡探亲时，见其堂弟唐涤生天赋甚高，遂邀其加入"觉先声"剧团。初替剧团抄写剧词曲谱，后创作粤曲、粤剧。待抗战胜利后，唐涤生在香港粤剧界已享有盛誉，其创作的《钓鱼郎》一曲，经梁醒波演唱而红极一时。唐涤生在加入"觉先声"社之后，在粤剧的剧本创作和电影导演方面都突飞猛进，如虎添翼，他撰写的剧本《落霞孤鹜》《紫钗记》《帝女花》《蝶影红梨记》《再世红梅记》

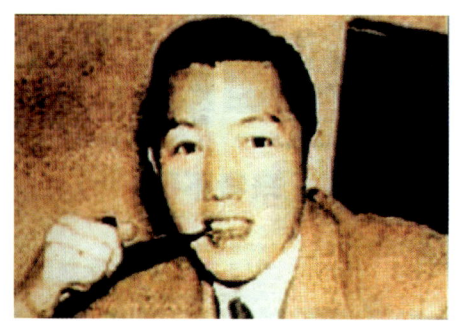
▲ 唐涤生

等以其曲折动人的内容与优美的词曲，经任剑辉、白雪仙、梁醒波等精湛的演出后，誉满香江。1950年，唐涤生执导香港电影《董小宛》、1951年执导《红菱血》、1955年执导《花都绮梦》，都是名噪一时的电影作品。

1941年12月，太平洋战争爆发，香港沦陷，唐雪卿夫妇受困。数月后，夫妇俩趁到澳门演出之机，冒死逃离香港，经湛江进入抗战大后方，辗转于湘、桂、滇之间。他们劳碌奔波，"全力为国服务"，为劳军和救济难民义演，为抗战宣传。这对因戏生情的银屏伴侣在那栉风沐雨的岁月中，始终相互陪伴。

唐雪卿正值壮年，倒嗓"失声"，一代名伶的嗓子像生命般宝贵，艺术生命戛然而止是何其痛楚，她的具体工作也从台上演出转移到幕后。较少出场的她，承担了剧团的班政工作，还负责生活安排和剧团的杂务，与薛觉先相濡以沫，共克时艰。

抗战胜利后，薛、唐夫妇回到广州。但饱尝了三年多颠沛流离之苦的薛觉先，身体受到了极大摧残，翌年患上了失忆症，并伴有高血压。唐雪卿陪同薛觉先回到了香港，她艰辛地独撑局面，既要登台演出，解决经济来源，又要寻医问药，精心照料，不舍不弃，终于使薛觉先身体得到恢复。

1955年夏，在一次观摩演出活动中，由于友人再三邀请，唐雪卿在广州太平戏院与薛觉先同台演出了《嫣然一笑》的三场戏，感染上风寒。回家后，请来的医生为她注射了青霉素，殊不知唐雪卿对青霉素产生过敏，一针过后，全身抽搐、牙关紧咬、面色骤变……一代名伶不幸离世。

1955年,唐涤生执导《花都绮梦》,依旧轰动观众。1959年9月14日晚上,唐涤生观看自己创作的新剧《再世红梅记》首演,演到第四场《脱阱救裴》时,不幸脑出血遽发,晕倒席上,送往法国医院抢救,延至翌日凌晨不治逝世,年仅42岁。

"画栏风摆竹横斜,如此人间清月夜。愁对萧萧庭院,叠叠层台。黄昏月已上蟾宫,夜来难续桥头梦,漂泊一身,怎分派两重痴爱?不如彩笔写新篇,也胜无聊怀旧燕,谁负此相如面目、宋玉身材?"(《再世红梅记》之"脱阱救裴")台上台下皆成绝唱。

唐涤生用短暂的一生在粤剧发展史上写下了最光辉灿烂的一页,他让粤剧的发展和创作在20世纪50年代进入了最辉煌、最鼎盛的时期,培育了一代又一代的粤剧演员,更带动了潮流,吸引了无数的粤剧爱好者和观众。

十八、新中国动画奠基人特伟

（今珠海市香洲区南溪村人）

动画片《小蝌蚪找妈妈》让水墨画动了起来，在国际电影节上一亮相，便震惊了世界动画影坛，也成了几代人的童年回忆。这部片子的导演就是动画大师特伟。

特伟（1915—2010年），原名盛松，祖籍今珠海市，1915年出生于上海市，中国著名动画导演、编剧、画家，1935年后专门从事国际时事漫画工作。抗日战争爆发后参加抗日漫画宣传队，出版《抗战漫画》刊物。1949年担任长春电影制片厂美术片组组长，是新中国动画事业的开创者之一。

特伟自幼从喜欢看连环画，到渐渐尝试自己随意涂鸦，对连环画页面进行临摹。热爱和兴趣才是最好的老师，小小年纪的特伟就展现了绘画方面不俗的天分，不久就将画中的人物画得惟妙惟肖了。命运有其垂青的幸运，也有不可预知的无常，1928年，因家道中落，初二的特伟从上海尚贤中学辍学肄业。

▲ 特伟

特伟并没有因辍学而放弃自己追求艺术的梦想，他并不清楚自己所喜欢的事能不能改变眼前的境遇，但热爱足够引领他往艺术之路走得更深入。他当时常到城隍庙人像画馆门口偷艺，那个精灵聪慧的男孩子，用很短的时间就学会了碳素画人像技术。之后，特伟凭借该技术到广告画社当了学徒，以此养家糊口，并以漫画向报社投稿，《中西科学之比较》是他的处女作。

抗日战争爆发后，特伟与叶浅予、张乐平等8人成立了救亡漫画宣传队，并在上海漫画界救亡协会出版漫画刊物《救亡漫画》。1940年初，特伟率领漫画宣传队从桂林转战重庆，出版漫画刊物《抗战漫画》。

1941年，特伟由重庆至香港，参与组织新美术会；随后，为《华商报》编辑周刊《新美术周刊》；同时，出版画集《特伟讽刺画集》和《风云集》；太平洋战争爆发后，特伟在桂林、重庆等地参与举办画展《香港的受难》；1944年，在云南参加抗敌演剧第五队；1945年，开始在云南担任中学教师。

1947年，特伟重返香港后，参与组织"人间画会"，同时在周刊《群众周刊》上连载长篇漫画《大独裁者》。1949年2月，由夏衍、黄新波介绍，在香港加入了中国共产党；同年，担任长春电影制片厂美术片组厂长。20世纪50年代初，在夏衍的邀请下，特伟率队从长春到上海，在上海成立美术电影制片厂，担任领导和制片工作。

1951年，特伟执导个人首部动画短片《小铁柱》，此后《采蘑菇》《好朋友》等作品都受到好评。1955年，上海美术电影制片厂拍摄完成彩色动画片《乌鸦为何是黑的》，中国美术电影从此进入了彩色片时期。

《乌鸦为何是黑的》被威尼斯动画电影节评委当作苏联的作品，因为这一时期的国产动画作品多半模仿苏联动画，这件事让特伟久久不能释怀，从此下定决心，提出了"探民族风格之路"的美术片新主张。

1956年，特伟在上海电影制片厂美术片组开始了动画片创作；同年，特伟与李克弱联合执导动画短片《骄傲的将军》，该片采用京剧脸谱搭配传统服饰的造型设计、揉入京剧舞台元素。

时光荏苒又四年，特伟执导中国第一部水墨动画短片《小蝌蚪找妈妈》，该片获得第一届大众电影百花奖最佳美术奖，这部短片根据方慧珍、盛璐德创作的同名童话改编，取材于画家齐白石创作的鱼虾等形象，这个又有趣又有爱故事以动画片的形式被我们记住，全民皆知。

特伟的另一部与钱家骏联合执导水墨动画短片《牧笛》由上海美术电影

制片厂1963年摄制的，特伟兼任编剧，段孝萱担任摄影，是继《小蝌蚪找妈妈》之后，世界第二部水墨动画片。1963年获得丹麦顾登塞国际童话电影节金质奖。

1976年，特伟与沈祖慰联合执导动画短片《金色的大雁》；1985年，与严定宪、林文肖联合执导动画电影《金猴降妖》，获得中国电影金鸡奖最佳美术片奖；1988年，执导动画短片《山水情》，获得第1届上海国际动画电影节大奖；1989年，获得第一届中国电影节荣誉奖；1995年，国际动画学会（ASIFA）授予特伟"终身成就奖"，他是首个获此奖项的中国人。

2010年逝世后的特伟获得中国动漫艺术终身成就奖。每当回顾那些家喻户晓的动画片，都让人情不自禁想起他。

十九、著名版画艺术家、美术教育家古元

（今珠海市香洲区唐家湾镇那洲村人）

1945年，美国出版的《生活》杂志以《木刻帮助中国人民战斗》为题，刊出14幅中国木刻作品，其中有古元的代表作《冬学》等三幅，引起广泛影响。古元是我国杰出的人民美术家、美术教育家，他不仅在版画方面有卓越的造诣，而且在水彩画方面独树一帜，是新中国美术发展史中一颗闪耀的巨星。目前，古元的版画作品是禁止出境的，可见其在版画方面的造诣和成就之高、影响之广泛。

古元的绘画生涯起步于他的家乡那洲，这里气候温暖湿润，满眼青山绿水，为其创作水彩画提供了天然的条件。1919年，古元出生在珠海市高新开发区唐家湾镇那洲村一个巴拿马归侨之家，依据民间的风俗，古元的父亲到关帝庙给这个新生儿子取名为古帝源，寓意求神保佑他健康成长。古元曾入读那洲小学，13岁考入广东省立第一中学（今广雅中学），喜好美术，课余常作水彩风景写生，美术天赋早早显现，并表现出志在四方的气概，1938年，古帝源满怀抗日救国的激情，奔向了革命圣地延安，并将名字改为古元，先后在陕北公学、鲁迅艺术文学院学习，向往光明的圣地而去。

珠海市古元故居由古元父亲古万建修筑于1912年，占地不大，是典型的岭南民居。故居由主座和庭院组成，青砖灰瓦，两进夹一天井，抬头望去，百年前的灰雕和彩画雕刻精致、栩栩如生。正厅两侧有古氏家训长联："厚德载福惟善为宝持身贵养谦光，和气致祥百忍成金处事端资退让。"故居布置的古朴家居，生动还原了当年古元日常生活场景。

▲ 古元故居

    在延安时期，因宣传需要，加之没有创作水彩画的物质条件，1939年，古元开始创作木刻作品，其早期作品多是反映解放区火热的战斗生活。1942年5月，参加了文艺史上著名的延安文艺座谈会，有幸聆听了毛主席的那篇《在延安文艺座谈会上的讲话》，觉得很受鼓舞，创作热情高涨。在同年10月，古元的作品《铡草》《冬学》《哥哥的假期》参加在重庆举办的《第一届双十全国木刻展》，引起各界和国际舆论瞩目，这也就有了美国杂志的刊发。徐悲鸿曾经盛誉其为"中国艺术界一卓绝之天才"。

    古元的版画作品在民间也是被津津乐道的，比如那幅《逃亡地主归来》，在延安《解放日报》发表时，影响极佳，传播极广，走进过几代中国人的记忆：画中地主骑着大马，中间是地主老婆和小妾，后面是驮运的箱柜，驼背的老长工牵着牲口，还有哈巴狗紧紧跟着，人物的时代精神面貌和动人的艺术形象，跃然纸上。背景是陕北的窑洞，地方色彩浓厚而引发读者浓厚的兴趣，和心驰神往革命根据地边区那一方风物人情。

古元在边区，亲临和目睹着边区人民生活在平等、互助、友爱的氛围里，这种崭新而温暖的人际关系使他感触颇深，创作题材和表现主题也相应产生了变化，古元也用行动证明从事艺术创作中深入生活、接近劳动人民的必要性，他的作品《战胜旱灾》中描述了久旱缺雨时节，群众在烈日下打井浇水的场景，正是及时配合宣传而作，为宣传党的统战政策，构思创作，使得版画的艺术性和实用性得到完美的统一。

古元的版画从立意、构图，到整体效果，既发挥了版画艺术的特点，又有特殊的个性风格，作品黑白对比鲜明，色彩搭配和谐，刀法娴熟自如，画面统一；古元反对内容空洞、形式乏味的作品，认为"美应当是自然的，从形式到内容都有统一的美"，延安时期古元创作的借鉴新窗花和剪纸的形式创作的新作品，也受到老百姓的普遍称赞，他用年画形式创作的作品《老百姓拥护咱们自己的军队》成为新年画的经典之作，也成为延安木刻家的重要目标。

版画家力群曾称赞古元"把最平凡的事物刻成了诗一般美的图画"。古元作品人物形象鲜活，场景亲切自然，寥寥数刀就能自然表现出人物不同的内心世界。版画作品《哥哥的假期》中的青年战士细心地向长辈、乡亲们讲述八路军部队生活的动人神态，自然鲜活；《调解婚姻纠纷》中主人翁马专员头顶上是圆门的空白，通过特殊的构图，表现出他既是群众中间一员，又有民主政府官员的优良作风；《结婚登记》内未婚妻端坐在登记桌前，兴奋跳动的心弦欲掩不止。

20世纪50年代，古元迎来第三个创作高峰，《祥林嫂》《刘志丹和赤卫军》等佳作迭出，同时其水彩画创作也大放异彩。

纵观古元的版画创作史，其艺术成就的取得，与延安革命的土壤及其崇高的人格作风、丰富的农村工作经历及不懈的艺术探索是分不开的，延安革命大环境对其产生了深远的影响；共产主义人生观、艺术观的确立为其奠定了思想基础；古元一生与劳动人民思想感情浓厚，了解农民群众对生活的态度和审美趣味。

"文革"后,古元重燃艺术之火,致力于美术教育事业,曾任人民美术出版社主任、中央美术学院第四任院长,先后当选中国美术家协会副主席,中国版画家协会副主席、名誉主席,第一、第三、第四届全国人大代表,第五、第六、第七届全国政协委员等。古元的版画艺术成就在中国乃至世界美术史上都留下光辉的一页。

1996年,古元因病逝世。他在遗嘱中写道:"我愿把从事美术工作以来所创作的部分主要作品捐献给我家乡的人民,希望将这些作品永久保存在古元美术馆供参观者欣赏。"

当他抱病精选捐献作品时,还为每一幅失去原版的复制品和印刷品亲手仔细标明创作年代、作品题目并签名。古元的女儿古安村曾描述:"他对每一件作品都细细端详许久,神情是那样地认真专注,犹如一个小学生在认真填写答卷。也许此刻他就是把自己当作一个小学生,向母亲、向故乡呈献一份精彩的答卷。"

晚年的古元,身在北京、心系故乡。他曾回到那洲村,画下《家乡的大榕树》,写下"情系乡土,饮水思源"的书法作品,满怀着对童年时光和故乡生活的眷恋之情。还刻下了一幅以《珠海渔女》雕塑为主题的《珠海朝晖》,并把这幅黑白木刻作品献给了故乡珠海。

▲ 《珠海朝晖》

第四辑

近代商界传奇

珠海人既是中国近代史上买办商务、民族企业的开拓者，又是新时代"改革开放"的"突击手"，也是中国经济高歌猛进发展的受益者，每个阶段出现的叱咤风云的人物，都给珠海带来大时代背景下的一个又一个不可复制的传奇。

如果说一切偶然都具备它的必然性，不如说珠海具有得天独厚的地理位置，最早的留学举措，又为其储备下各个领域的精良的人才翘楚，同时从清末、民国的"百废待兴"到新中国的"百业待兴"，都给足了珠海大发展的天赐良机。

一、会同三莫

（今珠海市香洲区唐家湾镇会同村人）

作为"广东十大美丽乡村"，珠海唐家会同村一直以来都被誉为"珠海最美村庄"。在这里，可以欣赏到古色古香的民居、碉楼和祠堂，感受岭南侨乡的独特魅力。

会同村是典型的单一血缘村，莫氏占全村人口95%以上。清雍正十年（1732年），莫氏家族从园林（别名"百叶林"）迁至会同。自此，莫氏家族开始在会同村繁衍生息。建村十年后，莫氏家族建祠堂、修族谱，莫与京勉励子孙"志诗书、安耕凿"，鼓励族人"尽其所长，善变求存"。

▲ 莫氏大宗祠（会同村史馆）

此后，在会同村，诞生了莫氏祖孙三代（莫仕扬、莫藻泉、莫干生），即家族买办传奇人物"会同三莫"，了解他们，也就了解了中国近代史上的买办风云。

谈及近代中国贸易史，"买办"无疑是一个绕不过去的话题，也就是中国近代史上帮助"夷商"与中国进行双边贸易的中国商人，由于历史、地理等因素，在中国沿海沿江商埠洋行中的买办，香山人占十之八九，而一家三代从事买办又取得非凡业绩的，唯有会同村莫氏一族。莫氏一族中，莫仕扬是买办这一行当的开拓者和领路人。

依照1832年瑞典人龙思泰在《早期澳门史》的记载，买办这个行当在鸦片战争前就已出现，但是他们当时的地位并不高，书中说："一个人要在广州筹办一家商行，必须先找一名买办。买办就是得到特别许可执照，充当仆役头目的人。他对商行的内务有总的监督权，按雇主的愿望介绍其他仆人，购买食物及日用品，等等。""仆役头目"的定位，与几十年后游刃有余在中外商人之间、叱咤风云的商业大亨形象，实在是天壤之别了。

1842年签订的《南京条约》是一个转折点。欧美商人远道而来，不通汉语，也不了解中国，想要与华人做生意，若没有一个华人作为中介，就无法拓展业务，也难以取得华商信任。正是从此时起，买办真正变成了中外贸易间的一个重要角色。

由于与广州十三行的这层渊源，粤籍买办一时间独占鳌头。譬如19世纪五六十年代美商琼记洋行所雇佣的24名买办，清一色是广东人，至于粤籍买办之中，又以香山人为多，故香山被称为"买办的故乡"。

莫仕扬就是这样一位香山买办。他出身望族，祖辈经商，父亲莫裕嘉殷实富有，多次捐资纳官。早在鸦片战争前，莫仕扬就已随父亲及同乡在广州经商，通过行商（十三行）与外商做生意，还在英商洋行（商馆）做过帮工。这样的经历让莫仕扬结交了不少广州行商和各地商人，以及不少外商朋友，为此他不得不学习英语。

1856年，第二次鸦片战争爆发，广州发生了商馆被烧事件，外贸业务遭受沉重打击。这时，莫仕扬的英籍朋友极力劝他"趁着香港目前处于开辟商埠时期，如赴港搞生意，必可获得巨利"。于是，莫仕扬在1860年由广州赴港经营建筑业。在今天中环的摆花街与卅间街（香港街名，因莫仕扬首先在那里兴建30幢房屋得名）等地段兴建了一批住宅，用"置业公司"的名义进行买卖，获利颇丰。之后莫仕扬又开设商行，兼营进出口杂货生意，从此跻身于香港华人富豪之列。

除了自己经商，莫仕扬还在香港的美商琼记洋行里担任买办。外商非常信任他，因为他精明强干、诚实可靠，只要是莫仕扬保荐的人，外商就可以放心使用。

这样的信用，使得莫仕扬在1870年受雇于太古洋行。19世纪70年代，是香港开埠后各国商贾向沿海各口岸发展的重要年代。众多外商洋行中影响最大、实力最强的是英商怡和洋行与太古洋行。在华南洋场早已流传着这样一句话："太古有钱，渣甸（即怡和）有面"，意谓太古洋行有雄厚的资本，而怡和洋行有灵活的政治手段。

莫仕扬于1873年出任太古洋行总买办，太古洋行的生意逐渐兴旺发达起来，中国沿海的海运与长江、珠江内河航运业，也几乎全为太古洋行所垄断。当时，轮船招商局是太古洋行的重要竞争对手，为防止两败俱伤，经莫仕扬建议，太古轮船公司凭借船只在技术、装备上的优势，于1877年与轮船招商局签订《齐价合同》，取得在运价分配里占45%的高额收入。随着太古洋行商业版图的扩张，莫仕扬本人也积累了巨额财富。"久贾而官"的选择就变得十分合乎逻辑了。莫仕扬自然亦不能免俗。他先后捐资纳官，获清廷颁授奉政大夫候选海边军民府加一级、朝议大夫、通政大夫、资政大夫、赏戴花翎等，成了一名不折不扣的"红顶商人"。

当莫仕扬于1879年病逝迁葬番禺时，他的家族在太古洋行中的地位已经不可动摇了。在为太古洋行服务的10年间，莫仕扬先后安排了一大批亲友担任办房属员、初级买办，商馆买办、船上买办等重要职位。

在1856年时，一位外国商人就高度评价过莫氏家族的买办："买办感到了他的责任，我们可以放心的是，他雇来为我们服务的中国人总是正派的，不是属于他自己的家庭，就是属于他的宗族，或是他的同乡——这些人他完全了解。"

在莫氏三代中的莫藻泉的出场前，莫仕扬已经为其做了20年的铺垫。早在1870年，英商太古洋行在香港设立总部，总行老板史维亚兄弟赏识莫仕扬的业务能力，力邀其任香港总行买办，但莫仕扬业务繁忙，又不想错过与太古洋行的合作，便推荐自己的副买办账房负责人吴协任太古洋行买办，随后，莫仕扬安排其次子莫藻泉跟随吴协经商，与莫氏结成姻亲。在莫仕扬的努力下，太古洋行顺利打开中国市场，在各项业务中收获颇丰。

莫仕扬去世后，遗产交予他的三个儿子继承。1889年，吴协去世，他在遗嘱中将自己的财产全部捐赠给莫藻泉。此时，跟随吴协近20年的莫藻泉成长为独当一面的买办，理所应当成为太古洋行买办继承人的最佳人选，1890年，莫藻泉接任香港太古洋行总行买办一职，正式接过家族买办的接力棒。

莫藻泉任职27年间，可以说是太古洋行在香港和内地业务获利最丰厚、名声最显赫的鼎盛时期。

莫藻泉从小在商场搏杀中耳濡目染，较之其父更具市场眼光。1880年在香港鲗鱼涌以低价买下大片荒地，近海处建太古船埠，近山处建太古糖厂。船埠建成后，可维修两三万吨巨轮，可造万吨海轮，使太古洋行轮船公司如虎添翼，到20世纪初已拥有十多艘客货轮。太古洋行在省港线上占据了压倒性优势。

太古糖厂更是太古洋行的精彩之作。当时中国国内市场以土制的黄糖为主，在华南地区，只有广东惠州有少量白糖出产，均系手工制造，从压榨甘蔗、熬煮榨汁再到漏制糖清需要一个多月的时间，且所获糖品纯度较低，不够洁白，价格较为昂贵，所以民间都说"斗米斤糖"。太古炼糖厂成立后，设备先进，采用骨炭滤法及硫化法漂白制炼绵白糖，冰糖产量少，却因色泽洁白，远胜于当时国内市场的其他冰糖，所以在华南及西南各省也非常畅销。据说当时云南民众在宴席上必备一碟太古冰糖，足见太古冰糖在民间的影响力。

莫藻泉在商业广告上有一个沿用至今的好方式——"月份牌"，为了更好地在国内市场推销太古糖，他想出一个绝妙的主意——凡购买太古糖者赠送"月份牌"一帧。这种"月份牌"由香港设计师关蕙农设计画面，用重磅铜版纸印刷，色彩明艳。还有鲜明的民族特色，如花卉，吉祥人物（福、禄、寿、喜），中国古代的天官赐福、迎春接福、八仙贺寿及仕女图等，深为民众喜闻乐见，太古糖也随着"月份牌"迅速进入千家万户。强有力的对手——怡和洋行最后也不得不低头认输，利润较高的白糖与方糖的经销权，就此全部落在了太古手中。莫藻泉发明的商战工具"月份牌"也就成了太古洋行首创的广告手段，被群起效仿。许多厂商竞相印制免费送"月份牌"，渐渐演变成后来的"挂历"。

后来，制糖厂与船埠一并成为太古洋行创利最多的两个部门。作为主持其事的买办，莫藻泉当然也不会错过自肥的机会。他在广州开设大昌栈，并以大昌栈名义向太古洋行订货，大量囤积太古糖。"大昌栈在糖价低跌时囤积，市俏时抛出，往往在一起一跌之间，一瞬之间便可获利数万元"，实在令人叹为观止。莫氏三代风起云涌的买办传奇，达到了鼎盛时期。

1917年，莫藻泉离世，其长子莫干生继任香港太古洋行总买办。莫干生是莫氏三代家族买办的终结者，但是他也有过自己的辉煌。

1917—1919年，因为糖价暴涨，莫干生坐赚几百万，之后豪掷百余万港元在靠近山顶的干诺道建造了一座英国皇宫式的住宅，较港督宅邸更有气派。在这座当时香港最豪华（也是最早设有电梯）的住宅落成时，莫干生邀请太古洋行经理布朗前往参观，谁知引起了布朗的嫉妒，随即派人审核莫干生的账目，最后得出的结论是，莫干生担任买办期间在战时采购装糖的蒲包（麻包袋）时，存在虚报价格的情况，令太古洋行蒙受巨大损失，要求莫干生予以赔偿，这件事最后以莫干生赔款25万元告终。太古洋行此举并不是冲着钱，而是为撼动根深蒂固的莫氏买办在太古的地位和信誉。

莫干生赔款一事带来的影响效应直接导致了莫氏买办走下行路线。此时，国际风云激荡，经济环境堪忧，加上赔款事件后，太古洋行股东对其颇不信任，莫干生的工作遭遇了前所未有的困难。1931年，莫干生辞职，太古洋行取消了香港总行的买办制度，莫氏买办的时代至此结束。

在极为艰苦的条件下，莫干生凭借多年经验，仍然创造出多项非凡业绩，在辞去太古洋行买办一职后，开启了另一段传奇人生：他积极参与投资九龙巴士公司、永安公司、大新公司以及中华娱乐等庞大业务，并在其中担任董事；与香港知名企业家区泽民、何启等人成立启德置业有限公司；同时入股家乡香山县岐关车路有限公司，为家乡开通了进入岐关公路的乡道。

莫干生辞职后，仍然获得了英女皇及港英当局给予的褒奖。足见其被公认为香港民生做出较大贡献。

莫氏三代的家族买办，其实参与者不仅仅是莫仕扬、莫藻泉、莫干生，据《会同村志》记载，自莫仕扬从事"买办"这一行业以来，莫氏家族、族亲，包括从会同村到太古洋行谋生的超千人。60余年的风云变幻，莫仕扬祖孙三代前后为太古洋行的发展夯实了根基，他们拓展了珠江、长江乃至中国沿海客货航运与仓储业务，创立了盈利丰厚的保险业，协助太古洋行兴办了太古糖厂并击败多个对手，几乎占据了糖业的半壁江山。同时，他们还协助太古洋行开办船务、制造船舰和油漆厂等。时至今日，香港鲫鱼涌河广州白蚬壳的太古仓，依旧是穗港两地老一代人的深刻记忆。老一辈的香港人将太古洋行戏称为"莫氏家祠"。

莫氏族人精英辈出，他们在太古洋行之外的各行各业中发展，莫咏虞、莫鹤鸣、莫如恩、莫应溎、莫庆等人的名声远远显扬于太古洋行之外。在莫干生后的家族成员，涌现出商业领袖、社会名流、医学精英等优秀人才。

我们今天在会同村所见的村场，都是清道光至光绪年间，莫氏族人先后集

▲ 会同古村

资修建的，宗祠、庙宇，还将全村屋舍统一规划，仿照都市居民布局重建，参照西方城建模式，形成经纬纵横、规矩方正"三街八巷"的"棋盘"格局，同时，莫氏族人还加固了护村围墙、闸门、碉楼等防御建筑，让会同村既有苏杭小镇的诗情画意，亦有西洋乡村的异域风情。

二、中国世博第一人徐荣村

（今珠海市香洲区拱北街道北岭村人）

浩如烟海的历史往事中，世博会中国第一人从被埋没到公布于天下是经过怎样的披沙沥金呢？带着这个问题我们来寻访珠海市北岭村徐荣村家族的徐氏宗祠。

徐荣村（1822—1873年），香山县拱北北岭（今珠海市北岭村）人。少好学，后出外经商。在上海、江浙一带经营丝茶业，数年内累资巨万。

今天的珠海北岭，商铺林立，楼宇高耸，一眼所见，都是现代都市的繁华，在繁华的簇拥下，靠近愚园的低矮的徐氏宗祠显得尤为瞩目。徐氏是北岭的名门望族，典型的香山买办之家。正是因北岭毗邻澳门，徐荣村和哥哥徐钰亭早年便前往澳门经商，与英国宝顺洋行的股东交往甚密；上海开埠后，宝顺洋行在上海外滩14号创办上海分行，请徐钰亭主持事务，年仅20岁的徐荣村也跟去当了买办。

徐荣村在担任买办的同时，也在上海的繁华闹市小东门，创办了自己的"荣记"商铺，经营茶叶、丝绸和烟土，会说英文的他还给自己的商品标注上"荣记"（YUNGKEE）的商标。其中，"辑里湖丝"是他的头牌产品。

现代的徐氏宗祠展出有徐荣村的"荣

▲ 徐荣村

记"商标和广告，货品包装纸上印有"蚕桑为记"的标记，注明"荣记亲选"，并将货品按质量优劣分为顶号、头号、二号、单片飞雪等，让顾客一目了然，可见徐荣村对自己的产品质量和产品形象的重视。据《北岭徐氏宗谱》记载，徐荣村在良莠杂糅的上海商场，始终坚持"取其材必精，其工必密，而一切苟且惰窳之见不参焉，货则上品，售之则上价"的经商理念。因为注重品质，诚信经商，他在商界积累下良好的口碑。这就是他能成为"世博会中国第一人"的实力基础。

徐荣村被认定为"世博会中国第一人"的过程也是颇费周折的。还得回溯到2002年，上海申办世博会工作如火如荼地展开，各项宣传工作紧锣密鼓地进行。多次看到各种媒体宣传中国和世博会的关系，一致认可"中国参与世博会的第一人是清末文人王韬"时，上海市民徐希曾先生感到非常遗憾，作为徐荣村的后人、徐氏家族的一员，徐希曾内心五味杂陈，他想要急切地告知天下——中国和世博会的关系始于1851年第一届世博会，我的先祖徐荣村参加了那届世博会，还获得了金银大奖！

徐希曾的儿子从美国回上海省亲。他再次建议并力促其父："尽快把我们家的资料提供给上海世博会申办办公室！"于是，骄阳似火的7月，徐希曾先生冒着酷暑，拖着病躯，来到上海世博会申办办公室。"申博办"工作人员细细展读徐先生带来的家谱资料和有关徐荣村的翔实史料，既震惊又疑惑，本着对历史的审慎态度，他们立即委托前去巴黎的工作人员，到国际展览局寻找和比对相关资料，以求佐证。结果却令他们失望至极——国际展览局内找不到相关材料。

一个月后，从上海图书馆传来了令人振奋的消息——在馆藏的由英国皇家协会于1852年出版的关于伦敦第一届世博会的文献报告中，研究人员挖掘出了徐荣村的"荣记湖丝"参展并获奖的史实，有力地印证了《北岭徐氏宗谱》的记载。

在1850年，英国政府向世界宣布，次年在伦敦举办万国工业品大博览会，庆祝和展示现代工业科技与设计的新兴潮流，邀请了当时的清政府，遭到婉拒。之后英国政府又通过英国在华洋行向中国商人宣传此事，同样不见反应。大概人们都明白这是英国以"博览会"宣示其得工业革命先机而壮大的世界领先的经济地位而已。买办身份的徐荣村没有这种畏洋心理，他敏锐地感觉到这是自家商品走向国际舞台的绝佳机会，急忙派人精选了12包"荣记湖丝"参展。当时负责中国参加伦敦世博会的组织者是英国驻广州领事馆，参展商人中除了徐荣村，其余都是在中国的外国公司。

根据《百年世博梦》的介绍，当时世博会上最惹人注目的是机械，以麻布袋包裹的"荣记湖丝"起初惨遭冷遇。参展数月以后，"真金不怕火炼"，经过评委的反复研究，一致认为"在中国展区，上海荣记的丝绸样品充分显示了来自桑蚕原产国的丝绸的优异品质，因此评委会授予其奖章"。

"荣记湖丝"载誉归来后，徐荣村被清政府授予"奉政大夫赏戴花翎候选郎中"爵位。他并没有在同行面前大肆吹嘘，而是务实地展开新一轮的商业布局。

如果没有世博会，在万商云集的十里洋场，徐荣村也仅仅是颇有名气而已，而世博会的举办，则使这个广东商人身价倍增，闻名遐迩，并在世博会的历史上留下了闪光的一页。

徐荣村有远见、有定力，行众人之先，这本来已经是值得当代人借鉴和学习的了，何况其商业成功后不忘家乡，鼎力支持当时的"留美幼童"选拔之事，他提供的经济后盾免去了许多留美幼童家庭的后顾之忧。

徐荣村把中国的传统丝绸展现给世界，让全世界为这神奇而古老的"只此青绿""花团锦簇"感到惊艳和赞叹，使那以后中国的丝绸更加为英国皇室、贵族所情有独钟；徐荣村的另一个具有历史意义的举动是把他的侄子徐润带出了北岭村，开启了徐氏家族最兴旺的买办时代。历史总是像有人安排好的，就在徐荣村为中国争得荣誉后的150多年后，正是他侄子徐润的曾孙徐威，挖掘出当年徐荣村参加世博会的资料，报告给中国申博委员会。

2010年8月21日,徐荣村的玄孙徐希曾在70岁高龄时创作的长篇童话小说《湖丝仔历险记》被改编成3D动画《世博总动员》。家国往事,依稀如丝,时间的经纬,从未遗漏那些值得的记忆。

三、清廷驻夏威夷王国第一任领事陈芳

(今珠海市香洲区前山街道梅溪村人)

珠海的梅溪村矗立着三座恢宏华丽的花岗石牌坊,中西合璧的艺术造型别有韵味,这几座牌坊的背后是一个传奇人物——陈芳,他是清廷驻夏威夷王国第一任领事。

梅溪石牌坊坐落在"陈芳花园"旧址,园内现存"胜地佳城"等碑刻三座,还有八角亭、石板路以及陈芳从夏威夷引种、距今已100多年的桄榔树和高大的棕榈树。

陈芳(1825—1906年),珠海市前山镇梅溪村人,其父陈仁昌务农兼经商,家庭富有,陈芳小时候曾接受过良好的教育。1839年失怙,他跟随伯父陈仁杰到澳门、香港学做生意。1849年,24岁的陈芳随伯父到檀香山经商,从

▲ 梅溪牌坊

商店学徒开始，后自立门户，经营甘蔗种植和制糖业，最初经营中国土特产和传统家具，与程植合办"芳植记"，专营中国货物，兼做批发生意。19世纪60年代，正值美国南北战争期间，美国南方切断对北方蔗糖的供应，陈芳抓住这一机会，向美国北部大量倾销蔗糖，获得巨额利润，名扬夏威夷。1870年，"芳植记"成为夏威夷著名的华资商号，是夏威夷八大企业之一。时至今日，建在陈芳当年居住的努阿努别墅原址之上的夏威夷著名的THE HUNGRY LION（饥饿之狮）饭店，还有一份附有"百万富翁陈芳创业简史"的菜单，足见人们对他的景仰一直未曾消减。

▲ 陈芳

以当时华人在海外的低下地位，经商成功已属不易，陈芳浪漫的皇室之恋和卓越的政治外交才能更令人惊叹。1857年，陈芳娶夏威夷国王之妹为妻，被选举担任夏威夷国会议员；1881年，被清政府光绪皇帝钦命为中国驻檀香山总领事。借此种种政治势力，陈芳促使夏威夷王国通过了多项保障华人权益的法案，成为著名的华侨领袖。

在异国的风光无限并未减退陈芳对故乡的眷恋，思念萦绕在心头，因喜荔枝，他千方百计运来一船故土，埋下荔枝种子，从此这个热带岛国有了鲜美的荔枝果，而每一棵荔枝树也都是一个思乡的游子，款款望乡。陈芳有着很多乐善好施、爱国爱民的故事广为流传。

1886年，香山发生特大水灾，很多村民流离失所、无家可归，远在异国他乡的陈芳获悉后，捐赠白银3000两作为救济款，救灾民于水深火热之中；陈芳65岁时，叶落归根，造福故园，携巨资回到梅溪老家定居，兴办公益事业，扶助乡民。看到澳门某酒店"华人与狗不得入内"的招牌时，愤怒的陈芳当众宣布以5000美元的价格买下酒店，改名为"四海芳园"，对所有人开放，"四海芳园"遂成为澳门市民最喜欢光顾的地方；在家乡，陈芳率领村民开凿了7.2公里的水渠；为了让村民能够方便快捷地了解外面的世界，他和儿子修了一条10公里长直通拱北关闸的石路，梅溪村自此连通了外面多彩多姿的世界。

由于陈芳及其父母乐善好施，光绪皇帝特意在其院子外面赐建了四座牌坊以示表彰，这就是著名的"梅溪牌坊"。"文革"中，其中一座被人损毁，但剩下的三座却被村民自发地保护起来。离牌坊不远处的几幢布局严谨、气势恢宏的大屋是陈芳1890年叶落归根后为自己和孩子们修建的居所。初看上去，他的故居似乎是传统的中国风格，细致留意，不难发现很多细节处渗透着西方的元素。

由这些建筑不难看出陈芳是中西方文化交流的典范，他把中国的文化带到西方，又把西方文化带回中国，他在美国的文化史上也占有一席之地。

更值得提起的是，陈芳对整个珠三角移民海外起到了重要的推动作用。陈芳到达夏威夷的时候，正是美国、夏威夷需要大量劳工的时候，陈芳是当时夏威夷移民委员会中唯一的华人委员，他投资航运业，拥有一艘私人货船，往返于香港与夏威夷之间，既运载货物，也运送中国劳工到夏威夷，促进两地商贸及农业的发展。由他组织到海外的华工大多来自珠海、香山及江门。截至1880年，夏威夷的华人已达2万多人，占夏威夷总人口的比例超过30%，这与陈芳在夏威夷开创的"糖业王国"是分不开的。同时，陈芳在保护华人移民权利方面也做了很多事情。

斯人远逝，后人散居多地，今天的"梅溪牌坊"已是珠海一大文化景观，这既是一部华侨的奋斗成功史，更彰显着广东人不朽的文化精神：精明执着、开放包容、爱国爱乡、乐善好施。

四、旧金山早期华侨领袖唐廷植

（今珠海市香洲区唐家湾镇人）

珠海市唐家湾镇走出的历史人物不胜枚举，唐廷植是一个特殊的存在，他在中国近代史上的身份是坚韧通达的工商巨子，但是他留存青史最著名的一件事，应当是他用尽全力用尽余生去摘下这块耻辱牌：华人与狗不得入内。

唐廷植（1828—1897年），今珠海唐家湾镇人，是中国近代著名买办、实业家唐廷枢和唐廷庚的长兄，担任过香港地方法院通译、美国加利福尼亚州华侨商董。唐廷植三兄弟在发展中国近代工商业方面做出过突出的业绩，其本人被誉为近代中国工商业先驱。

▲ 唐廷植

唐廷植在10岁的时候，到澳门布朗牧师开办的教会学校读书，接受西式教育，学习英语。

1842年，中英《南京条约》签订，上海开埠成为重要港口。西方商人如潮水般踏进上海滩，但他们不懂中文，对翻译人才的需求非常急切。年方15岁的唐廷植，当时还在香港教会学校读书，英国驻上海领事馆慧眼识珠，借用他为外文翻译。唐廷植孤身来到上海滩，成为上海开埠的见证者。唐廷植英文极好，很快在领事馆内崭露头角。

他后来到美国淘金，成长为华人中的知名人物。他眼见在美华人屡次遭到歧视，愤然为华人声讨公道。他利用扎实的英文基础，研究美国法律为华人伸张正义，成为华人界的领袖人物。数年后，唐廷植回到上海担任海关总翻译，后任怡和洋行的总买办，在上海声望日隆，影响日显。

1849年，唐廷植离港赴美国旧金山，被旧金山华人组织推举为华人、华商领袖。其时，旧金山正掀起一股开采黄金的热潮，大批华人为谋生计远渡重洋至此，不免与当地土著人产生矛盾，旧金山随之出现排华运动。州长毕格勒向州议会提出排华法案。唐廷植站出来代表旧金山华人致函毕格勒，驳斥其排华的错误观点，后来登载于纽约《每日论坛》，最后，加州议会经过讨论后将毕格勒的排华法案予以否决，使广大采矿华工与华商的合法权益得以保护。为此，唐廷植在美国华侨、美国人民中的声誉日高。旧金山侨团阳和会馆与中华会馆，均邀请他参与会务和出任通事。唐廷植将美国政府许多有关华工、华侨的政策法律译成中文律例，使华侨、华人获得有关法律知识，便于依法行事和维护权益。

1854年，加州又掀起一轮排华浪潮，官方无理提出"向旧金山所有华人征收人头税，用以限制中国移民"。唐廷植联络华侨社团领袖出面阻止而使其未能实施。美国国务院因此事邀请唐廷植到华盛顿听证，以求妥善解决。由于唐廷植在美国曾多次为中国侨民争得权益，威望渐高，成为当地华侨、华人公认的侨领与代表。

1861年，唐廷植离美归国，到了上海。翌年，入中国海关担任首席翻译8年。其间，曾参与其弟唐廷枢所著《英语集全》共六卷的详细校阅和订正，出版后，成为中国人学习英语的第一部词典和教科书。1873年，唐廷植接替其弟唐廷枢出任英商怡和洋行总买办27年。1876年开始的几年间，唐廷植为开平矿务局筹集了100万两白银的资金，解决两人办矿资金不足的困难。唐廷植还一度署理过轮船招商局事务，任局董；投资山东烟台纺丝局，任总董；他发起并投资建立中国玻璃公司，担任上海火烛保险公司首董及上海电光公司华人股东代表等。唐廷植对社会公益事业十分热心。1872年上海成立广东同乡会馆——广肇公所时，他出任首董，慷慨解囊捐银万余两充会馆活动之需。1878年，他与胞弟唐廷枢奉母命赈济山西饥荒有功，被光绪帝赏建"乐善好施"牌坊于家乡。唐廷植还被授予三品衔。

唐廷植注意到，当时上海著名的外滩公园，禁止中国人进入，只对外国人开放。它的开放条文中，第一条为"脚踏车与犬不得入内"，第五条为"除西人之佣仆外，华人不得入内"，这两则条文后来被讹传为一条，即"华人与狗不得入内"，引起国人的极大愤慨。

1881年，唐廷植正式向租界内的工部局提出书面抗议，要求允许华人进入花园游玩。当年4月，《申报》刊出报道称："前闻有华人具禀于英工部局，请准令华人入外国公家花园游赏。"不久，工部局书面回复了唐廷植的抗议，解释说因为"公园地域狭小，无法容纳太多游客"。工部局提出，可以对"上等华客"放行入园参观，但对于普通华人，外滩花园依旧禁止入内。部分放行上等华人，依旧是对中国人的歧视。唐廷植并不满意，他连续多次向租借当局提出抗议，但再未引起重视。

1885年11月，唐廷植联合多位知名华人代表，再次致信工部局，重申4年前的抗议。为了顺利替华人争取权益，唐廷植提出一个折中的方案。他建议工部局向华人发放入园证，每周安排两三天允许"当地中国人入园"。

这个折中方案，打消了工部局的疑虑。在递交抗议信后不久，工部局采纳了发放入园证的建议，华人终于可以游园。但随后上海当地报纸连续报道华人采摘花朵事件，工部局借此再度收紧入园门槛。唐廷植虽屡次抗议，要求工部局加强管理，但始终未得到有效回应。他在去世前夕，依旧在为华人入园而抗争。一直到1928年，唐廷植此时已经故去近30年，上海外滩公园终于完全对中国人开放。

唐廷植晚年在上海滩工商业界的建树，对公益事业的贡献，以及他人品、人格的榜样力量，都让他无愧于一代工商巨子的美称。

五、洋务运动先驱、实业家唐廷枢

(今珠海市香洲区唐家湾镇唐家村人)

唐廷枢(1832—1892年),今珠海唐家湾镇唐家村人。作为中国近代史上著名的洋行买办,又是清末洋务运动的积极参加者,唐廷枢的一生,对创办中国近代民族实业、推动民族经济发展作出过重要的贡献。

1892年10月7日,唐廷枢逝世于天津。唐廷枢病故后,其灵柩用轮船从上海运回到老家唐家湾。和唐廷枢的灵柩同行的有十三国商务官员的专船,参加丧事的有近千人,十三国的驻津领事馆在公祭日下半旗志哀。当年这支庞大的船队在唐家前环海"一字排列"时,整个海岸都灯火通明。

唐廷枢少年曾在香港的马礼逊教会学堂接受过6年教育,会说一口流利的英语,很多在外国洋行任职的买办经常上门诚恳求教。1951年起,19岁的唐廷枢就在香港巡理厅任翻译,1856年23岁的他在香港大审院任正翻译。唐廷枢用了3年的时间,编译出一部《英语集全》(六卷),这部书后来被公认为中国第一部汉英词典。

珠海因近澳门、香港而较早兴起买办,唐廷枢及家族顺应历史潮流,大兴买办,从此起步。1861年,唐廷枢离开海关在怡和洋行代理生意。次年接任怡和洋行买办。1873年,参加轮船招商局改组工

▲ 唐廷枢

作，对洋务派的官僚企业实施官督商办。此举标志着唐廷枢成为中国洋务运动杰出代表。最后他成为中国第一位近代企业家，著名的民族实业家和慈善家，中国近代工业化先驱，中国近代工业的开创者和奠基人之一，和徐润、郑观应、席正甫并称为晚清"四大买办"。

据史料记载，唐廷枢一生中兴办的企业达47家，在中国近代经济史上创造了许多个"中国第一"：中国第一家民用企业——轮船招商局、中国第一家机械煤矿、中国第一家保险公司、中国第一条铁路、中国第一台自产火车、中国第一家水泥厂、中国第一家机器棉纺厂、中国第一个油井、中国第一条电报线……

唐廷枢是一位埋头苦干、挺起中华民族脊梁的实业家，以创办和经营近代企业的方式，推动了中国社会的近代化，是开创中国近代工业的先行者，为中华民族自立自强作出了不朽功绩。巨大的成就来于他的信念"事事以利我国家、利我商民为务"。

唐廷枢热心从事社会公益事业，创办了上海历史上第一家医院——仁济医院，也是中国人创办的第一家西医医院；赞助普育堂、辅元堂、清节堂等慈善机构；支持文化教育，资助建立格致书院、英华书馆；创办代表民族利益的《汇报》；资助容闳选拔第一批留美学生；编写中国第一本英语词典和教科书；赈济山西、河北等地饥荒……这位没有斥巨资修建祖屋留下一个像样的故居的人，却为国为民修广厦万千，造福人间无数，难怪在华北的他乡，唐山百姓都为他建立了"唐公祠"。

唐廷枢不但自己附股于外国企业，而且还为外国洋行吸收了许多买办和商人的资本，尽他最大的努力拉拢外国洋行在中国的生意，这些活动，不仅增加了他的额外收入，而且使他能对其所代表的中国股东施加影响。

唐廷枢和他的同仁们在清政府专制、愚昧、迷信的统治下，开始了艰难的中国近代煤矿、铁路工业最初的现代化进程。1876年起，唐廷枢筹办开平煤矿，从勘测矿址、拟定计划、招集资本到正式开采，均在其亲自主持之下进

▶ 清代的开平煤矿

行。在他60岁生辰之日,唐山矿区四十八乡乡绅父老子弟"同送万民牌伞"。1881年6月9日,龙号机车开始在唐胥铁路上运行。据史料记载,其"运输之力,陡增十倍",让国人从此得享现代化的能源和交通之惠。但是清政府中的顽固派却以机车行驶"震动东陵,先王神灵不安"为由,连上弹章,清政府忙下令禁止使用,后来,身为开平矿务局总办唐廷枢竭力奔走,并邀请一批官吏、大臣乘坐火车验证,证明安全可靠,才又允许机车行驶。

唐廷枢竭尽全力,拼却身家性命,去实现自己的实业理想,对中国近代经济的发展起到了举足轻重的作用。唐廷枢逝世后,当时上海《北华捷报》发表纪念文章,赞扬他的一生为中国民族工商业所作的巨大贡献,称他的一生代表中国历史上"一个时代""他的死,对外国人和中国人一样,都是一个持久的损失!"唐廷枢在当时的影响可见一斑。

六、近代中国民族工商业杰出代表徐润

（今珠海市香洲区拱北街道北岭村人）

▲ 徐润故居（愚园）

徐氏宗祠名曰"愚园"。据说谐音徐润在上海的"豫园"，徐氏宗祠正侧两副长联，右侧是徐润一生各个时期的画像，徐氏宗祠还有另外一位历史名人，那就是徐润的侄女徐宗汉。徐润先世原居河南陈留，因遭元末之乱，辗转迁至广东香山县。

1838年，徐润出生于香山县北岭乡（今属珠海市），长至少年13岁，已经深明事理，其叔父徐荣村携其前往上海，自此掀开了徐润个人的"惊心动魄、云谲波诡"的创业生涯。他是近代史上极富传奇色彩的一位大商人，是实至名

归的商战大王，他集五王于一身：地产大王、茶叶大王、轮船大王、保险大王、文化大王。

在宝顺洋行上堂帮账时，徐润就自己经营茶叶等生意。他与人合作开过一家"绍祥"商号，从内地收购茶叶、生丝等，转卖给上海各洋行，为宝顺洋行提供了合适的货源的同时也为自己赚取了差价。

1868年，徐润脱离宝顺洋行后，在上海开设了一家宝源祥茶栈，随后又在湖南、湖北产茶区增设了多处茶栈，并选用一批得力商友管理，从而形成一个茶业商务网。由此，他可以清楚地了解各茶区的收成，掌握多条供货渠道，并针对英、美、俄等国消费者的不同喜好，源源不断地向各国洋行提供合适的出口货源，而且根据行情随时调整茶价，谋取高额利润。

徐润和唐廷枢等人一起创办了上海茶业公所，对上海及其周围广大地区的茶叶贸易进行控制。茶叶是当时中国的四大出口产品之一。宝源祥茶栈又是上海最大的经营出口茶叶的茶栈，占尽了"天时、地利、人和"的徐润被誉为"近代中国的茶王"。

在经营茶业的同时，徐润敏锐地看到上海百业振兴，万商咸集，地价将日益腾贵。于是，他开始放手投资房地产业。至1884年，徐润在房地产上投入的资本已达200多万两银，拥有地产3000多亩，其中300多亩已建房子，共建有洋房50多所、其他类型房屋2000多间，每年可收租银12万余两。他先后和华商、外商合创了上海地丰公司、宝源祥房产公司、业广房产公司、广益房产公司、先农房产公司等。这时的徐润，虽然难与洋商相比，但在华商中已是个"地产大王"了。

轮船招商局是中国近代洋务运动中最大的经济实体，总局设在上海。由徐润经手招集的股金占招商局全部资本一半以上，使招商局资本充实，运作自如。因总办唐廷枢兼办开平煤矿等其他诸务，一年中有大半年不在局里，招商局实际上由徐润主持。在主持局务期间，徐润采用先进的经营管理方法，明确规定招商局的经营以揽载为主，漕运为次；并开办保险公司，承担营运风险。

◀ 1908年的上海轮船招商局

这家中国最早的股份制企业,在它的草创时期,不仅经受住了来势汹汹的外商联合抵制与压价竞争,而且不失时机地收买了当时东亚最大的商业船队——美商旗昌轮船公司,使招商局的规模和实力大增,从而控制了长江航运、沿海航运的大部分经营权,奠定了中国近代航运业的基础。

轮船招商局是今天香港、台湾等地招商局的前身,它的发展轨迹,典型地反映了中国民族经济走向近代化、现代化的艰难历程。在创业阶段中,徐润所起的作用是举足轻重的。

1887年秋,徐润首次出关塞勘矿,已年届五十的他筚路蓝缕办矿业,在这以后将近20年的漫长岁月里,他天南地北奔波于各个矿区,北出长城,南至广东,东赴台湾基隆,或翻山越岭踏勘,或深入矿井验看,为寻找和开发中国的矿产资源而竭尽全力,其中在关外的热河建平金矿一住就是3年。

开平煤矿是中国最早使用机器开采的大型煤矿,徐润投资了15万两银,占总商股150万两的一成。他任开平矿务局会办,支持矿务局采用从英国订购的机器设备,聘用一批英国工程师,应用近代技术采掘煤炭。开平煤矿的建成,将进口煤炭从天津市场挤了出去,并逐渐扩大到国内其他口岸,为北洋舰队以及地方工业提供了必需的燃料。除开平煤矿外，徐润还投资过平泉铜矿、宜昌鹤峰州铜矿、孤山子银矿、三山银矿、天华银矿、潭州银矿、建平金矿、金州煤矿、贵池煤矿等10余处矿产，为创办中国近代采矿业做出了贡献。

徐润在推动中国文化事业走向近代化方面做了大量的工作，诸如创办格致书院、仁济医院、中国红十字会等，其中影响最为深远的当数选派中国幼童官费赴美留学和创办同文书局。

1882年，徐润从国外引进12台轮转印刷机，雇工人500名，在上海创办了同文书局。该书局搜罗善本，陆续影印了《二十四史》《古今图书集成》《资治通鉴》《佩文韵府》《全唐诗》《康熙字典》等中国典籍，发掘和保存了祖国的文化遗产。1891年，同文书局因承接清廷传旨，影印了《古今图书集成》而声誉日隆。书局还出版了大量西学图书，广为发行流播。

晚年的徐润组织编修《北岭徐氏族谱》，撰写《徐愚斋自叙年谱》，派人回故乡北岭村修建村道、祠堂，修筑"竹石山房"（即今日所访"愚园"），并捐资办义学。

1911年3月9日，徐润在沪逝世，终年73岁，其灵柩从上海运回广东省珠海市北岭村安葬。潮涨潮落终有时，而徐润的自传《徐愚斋自叙年谱》留世回声，其中专门记载了他"资本积累"的全部历程，为今天研究从"买办"到"民族资本家"提供了一个典型事例；从徐润描述自己一生的事业活动情况，可以从侧面了解中国近代史时期（1840—1920年）民族资本发展的轨迹，是研究近代史不可多得的一部文献性资料，也为今天经济发展中求生存的创业者提供了可借鉴的经验教训。

读徐润的自传，印象最深的莫过于他自己回忆人生中最得意、最成功的事情，自豪之情跃然纸上曰："岁丙子，为扩充商局计，独任艰巨，将旗昌金利源汽船全公司买受，由是得与外洋诸公司争衡，中国之龙旗飘扬于英京与利物浦、南洋各岛、檀香山、日本等处者，雨翁之力，亦雨翁生平最得意之事也。"

七、兴中会重要成员容星桥

（今珠海市香洲区南屏镇人）

容星桥（1865—1933年），出生于香山南屏（今属珠海市），是容闳的族弟。或许每个城市都有那么一些地方不在繁华处，也不被时时提起，但它们一定是无可替代又无法复制的，像这个城市的胎记，有着永恒的坐标，这就是先人留下的那些故居，一任岁月侵蚀，一任时光磨砺，人去院空，一切都留在了昨天，而这些居所留给人们慰念，是旧时光蔓延而来的余温。

▲ 容星桥

位于南屏社区长房街的盛茂容公祠是容星桥的故居。历史上有过几次重修，但都能保持原貌风格，所以它依然古朴典雅，造型独特，院落里棱角分明的石柱虽有的已不完整，但仍屹立在门前，斑驳的墙壁，随处可见的旧物，仿若穿越时空，静谧从容。公祠的各个角落，具有岭南村落建筑的特色，建筑格局和装饰细节蕴含着许多文化典故，在这里容星桥徐徐拉开了人生的帷幕。

1874年，仅9岁的容星桥时入选为第三批官费留美学生。7年后归国，曾被上海圣约翰大学聘为教习，后来参加南洋海军。

1884年，法国发动了侵略中国的中法战争，6月进攻中国驻谅山的军队，受到中国军队的英勇抵抗；8月，法军舰队又突袭福建的南洋海军基地马尾港，福建水师全体官兵奋勇抗敌，重创敌旗舰"窝尔达"号。

容星桥在参战过程中受到了极其深刻的教育。由于敌我力量悬殊,中国参战的九艘军舰,除两艘运输舰突围外,其余七舰的两千多名官兵,只有11人得以生还,与容星桥一起留美同学薛佑福、黄季良、杨兆楠以及比他早一批的邝咏钟,都在这次海战中牺牲。在军舰沉没之际,容星桥还带领部分士兵把火炮搬上陆地,继续抗击法军,因此得到了清政府五品军功的奖赏。1855年3月,爱国将领冯子材在镇南关大败法军,全国震动,法国内阁因而倒台。可清政府却与法国签订了丧权辱国的《中法新约》,承认了法国在越南和中国广西、云南的特权。"中国不败而败,法国不胜而胜"。

学友、战友的悲壮牺牲和清廷的极端腐败无能,都深深刺痛了20岁出头颇有爱国抱负的容星桥,悲愤至极的他,挂冠而去,到香港从事商业活动,在太古洋行中任职。

1891年,容星桥与香港牙医关元昌的第八女关月英成婚,关元昌的儿子关心焉(兴中会员)与孙中山有同学之谊,孙中山尊称关元昌为义父。由于这层关系,容星桥结识了孙中山,容星桥与关月英订婚时,孙中山曾赠诗一首,以示祝贺。容星桥比孙中山年长一岁,不仅是香港地域之缘拉近了他们,而且英雄相惜,相见恨晚,两人既是同乡(香山人),又都游学过美国,接触世界新思想,这些共同的思想基础把他们紧密联合在一起。

1895年1月,孙中山在香港成立兴中会总部,亲自介绍容星桥参加了兴中会,成为孙中山最早的革命同志。从此容星桥走上了革命的道路,他的任务是在从事商业活动的同时为孙中山筹款并联络革命同志。

1900年,唐才常领导的自立军起义,是革命派和改良派都参加的一次政治运动,在这次起义中,容星桥起了相当重要的作用。孙中山在南方,同时发动起义,成互相支援之势。唐才常、林圭回国时,孙中山亲笔给汉口的容星桥写了一封信,由林圭带回,容星桥接到孙中山的书示后,积极参与了自立军起义的策划,被称"筹谋赞助,极是周到",成了自立军起义的重要骨干。自立军起义因受到湖广总督张之洞的镇压而失败,唐才常、林圭被杀害,容星桥也受到追捕。清兵包围了容星桥所在的顺丰洋行，逐个搜查，在友人的帮助下，容星桥化装成搬运茶叶的工人，乘轮逃往上海，后逃往日本。

1904年，在容星桥的建议和积极协助下，《中国日报》成了文裕堂有限公司的一部分企业，得以生存。容星桥分管报纸的印刷和发行工作，"报社组织为之一变"。从此，《中国日报》以犀利的笔锋与保皇派的《商报》进行了激烈的论战，并渐渐取得了优势。

1905年，中国同盟会成立，容星桥也成了同盟会员，他所在的《中国日报》社，也是同盟会香港分会的机关。革命党人常在这里分析形势，筹划革命，同盟会重要领导人黄兴等，不时下榻报社，听取汇报。

容星桥做生意不忘心系桑梓，建设与服务家乡。南屏过去没有一所学校，1871年，经容闳积极倡议，乡亲们集资办了一间甄贤社学，南屏子弟才有上学机会。1900年前后，清政府实行废科举，办新学的改革，甄贤社学改为两等小学堂，但课室、设备仍然简陋。1921年，容星桥与家乡父老商议，发起集资活动，共筹得款项1.2万多元，对学堂进行了大规模整修。学校修葺完毕，定名为"甄贤学校"。容星桥特地请来国民党元老邹鲁（后曾任过广东大学校长），为学校题了校匾，容星桥与容闳一起，被尊誉为学校的名誉校长。从此，甄贤学校培养出不少有影响的人才。

容星桥与容闳的人生都值得人崇敬，他们在各自的天空闪耀着光芒交相辉映，"甄贤学校"是他们心血汇聚之地，也是容氏家族除了故居之外另外留存的纪念馆，人才辈出，应是让他们在天亦欣然。

1929年，应唐绍仪之邀，容星桥任中山模范县训政实施委员会列席委员，并提出了禁止烟赌、取消苛捐杂税、开辟唐家港为无税口岸等提案与建议，并任农业试验场筹备委员，足见其勤政与远瞻。

1933年5月7日，容星桥在上海逝世，享年68岁。当时国民党政要蒋介石、林森、李宗仁、唐绍仪、孙科、何香凝等送了挽联。蒋介石的悼词是"道范昭垂"，林森的悼词是"哲人其萎"，李宗仁的悼词是"国之英彦"，何香凝的

159

悼词是"忠心为国"。灵柩由其子女护送回家乡南屏安葬。

当年那个英姿勃发、满怀救国壮志的海战功臣，一生不辱英名，终于魂归故里，长房街盛茂容公祠，烛灯常明，青苔暗绿，从此叫"故居"。

八、大新公司创建人、实业家蔡昌

（今珠海市香洲区金鼎镇外沙村人）

1934年，在上海闹市区的街头，一位男子带着一袋豆子，一连数天，自早至夜，专注地盯着街上的熙熙攘攘的行人和来往车辆，一颗颗豆子从袋子里拿出，放进另一个空袋子，以此计数。此刻他的内心正在建设一个新的百货王国，这个人就是已经年近六旬的蔡昌。

蔡昌（1877—1953年），香山县上恭都外容莟乡（今属珠海市金鼎镇外沙村）人，中国近代规模最大、驰名中外的四大百货公司之——大新公司的创建人。他曾先后担任香港慈善机构保良局局长、东华三院董事长、香港中山海外同乡济难总会委员等职。

蔡昌生于一户贫苦农民家庭，家中兄弟四人，他是老三，从小替人家放牛、拾粪，或在海边捡些蚌贝鱼虾补贴家用，贫困之中只读过3年私塾。

蔡昌故居是座很典型的旧式农村民宅，建于清末，坐东北向西南。面阔两间8米左右，左间一进，右间两进，总进深10余米，土木结构青砖平房，建筑面积仅83.9平方米。故居右侧是青砖灰瓦的蔡氏大宗祠，一样的质朴无华，同于民间宗祠。

中国人讲究衣锦还乡，发迹之后重建祖屋是常态，比如珠三角地区的雄伟碉楼和精

▲ 蔡昌

美洋楼，还有潮汕那些动辄数百间房舍的大宅。蔡昌却是个例外，故居如此寒酸，他衣锦还乡后，首先建了一间免费学校。

在蔡氏大宗祠右侧，与蔡昌故居和祠堂并排的是一栋外观陈旧但坚固无损的大楼，这就是著名的"礼和学校"，一楼正门外是拱廊，面阔七八米，进深足有20多米，一扇扇长方形窄窗沿街而立。这座砖石混凝土结构大楼兼具南粤碉楼和西式钟楼风格，顶端有希腊式杯亭，也因为亭子的圆顶，被村民称之为"白帽仔洋楼"。这就是蔡昌捐资兴建的礼和学校，1930年落成，供外沙村及周边村落孩童免费入学。校舍建筑高大，内部设施齐全，是远近闻名的村校。

礼和学校建成时，蔡昌还未创办上海大新，但旗下的香港大新和广州大新都是百货业翘楚，他也因此成为蜚声东亚的百货大亨。

蔡昌14岁的时候，被早年去悉尼谋生的大哥蔡兴带去了澳大利亚。经十多年打拼，有了一定经济基础后，不愿久居人下，甘冒风险，立志创业。1910—1912年集股创办香港大新百货有限公司，虽然蔡昌自幼失学，识字不多，但他遇事认真，且年富力强，敢于挑战。自担任经理后，他更是刻苦奋发，事必躬亲，每天早晨4时即起，筹划当天事务。此时德辅道商店林立，竞争十分激烈。大新铺面商品陈列整洁、备货充足，给人以面貌一新的印象。蔡昌亲自掌握进货业务，讲究商品质量，不销残副次品，保证货真价实，因此信誉日著，营业兴盛，在香港繁华的商业黄金地段，站住了脚跟。

1916年设分行于广州城内惠爱中路，广州大新同业之首，1918年又在广州珠江边西堤开设支行。香港、广州经营大新公司获得成功后，蔡昌更积极筹划开设上海大新公司。这才有了数豆子的那个人。

蔡昌用豆子计数多日观测行人及各种车辆往来的流量，最后择定在南京路与西藏路、劳合路（今六合路）的交会处设立店址（即今上海市第一百货商店所在地）。一年多后，新大厦落成，楼高10层，总面积达1.7万多平方米，一跃成为上海四大公司（即先施、永安、大新、新新）之冠。

新大厦仿日本大阪大丸百货公司的建筑造型，为综合性商业大厦设计，气势恢宏壮丽，建筑式样别具一格新颖独特，外墙中有一式乳黄色的釉面瓷砖，底层外部砌花岗石，三面环绕18扇大橱窗。室内设计采光明亮，通风良好，并有冷暖气设备，可调节室内温度，四季如春。

蔡昌苦心经营取得的辉煌并没有持续多久，在半封建半殖民地的旧中国，多灾多难的时代背景下，蔡昌奋斗一辈子的实业强国梦，是难以实现的。抗战爆发后，广州西堤大新公司屡遭日机轰炸，损失惨重。上海大新公司地处租界，虽未停业，但战时动荡不安，百姓顾温饱而不暇，大新百货经营深受影响。蔡昌苦撑残局，拼尽全力也难挽颓势。

蔡昌热心公益，扶贫济世。对上海、广州、香港、中山等地的社会福利事业捐款颇多，尤其对家乡建设献计献策，不遗余力，投资岐关车路的修建，兴建礼和学校等，蔡昌的名字与珠海外沙村同在。

1953年夏，蔡昌病逝于香港。一个属于四大百货公司争奇斗艳的时代悄然落幕。

第五辑

当代珠海人风采

历史发展到现代，珠海人在新形势下敢为人先、勇于实践（三来一补企业香洲毛纺厂、第一家中外合作旅游酒店、土地管理五个统一、环境保护八个不准等多项全国最早案例）、科技兴市（率先提倡并实践"中奖科技"）、重视生态（迪拜捧杯）、开放包容、关爱奉献（涌现出一大批爱岗敬业、见义勇为、坚守孤岛等感人的人物）。

"天时、地利、人和"为当代珠海人拉开了创业、立业、守业的博大帷幕。这是勇敢者成为英雄的时代，硝烟弥漫中的"一等功"，默默守岛30多年的"退伍兵"彰显的都是英雄本色；历史尚未"定论"功过，但是有人为官16年为珠海留魂，商海沉浮，成功与失败，都能留下浓墨重彩的记忆。

擎天、弄潮、踏浪远航，新时代的珠海人必将行以致远，虽远必达。

一、珠海发展的奠基人——梁广大

谈到珠海，梁广大是一个绕不过去的名字，他是中国改革开放的代表性人物、珠海的奠基人。

1935年，梁广大生于广东南海，历任广东省南海县委书记，佛山地委常委、佛山专员公署副专员兼财办主任，珠海市委副书记、代市长，广东省委常委、珠海市委书记、市长，第九届全国人大常委。

1983—1998年，他主政珠海16年，是中国经济特区里主政时间最长的官员。1984年，邓小平同志第一次到南方视察，当时深圳经济特区的建设已经如火如荼，珠海还是农田一片，邓小平同志写下了"珠海经济特区好"几个字，给了珠海极大的鼓舞。1992年，邓小平同志第二次到南方视察，梁广大已是中共珠海市委书记兼市长，在听取梁广大有关经济特区发展过程中遇到的重重困难的汇报时，邓小平同志发表了一系列重要讲话，这些讲话成为邓小平理论的精华。2012年12月18日，习近平总书记在党的十八大后首次出京来到深圳，亲切接见了梁广大和其他三位1992年陪同过邓小平同志南方视察的老干部。

城镇化是推动我们国家改革开放40年经济高速发展的最重要杠杆，但也产生了很多社会问题。珠海的经验说明，城市化的加速发展或是工业化的加速发展，完全可以不走那种先污染再治理、先破坏再建设的路子，可以和生态环境兼容起来。在改革开放40年里，珠海以人为本，走出了一条集经济建设、政治建设、文化建设、社会建设和生态建设"五位一体"的中国式现代化城市发展之路，这种兼容而多赢的例子在我国很少。

珠海的发展蓝图是1987年绘制的。这张蓝图奠定了珠海的基本框架，此后虽有修编，但城市理想、城市风貌和城市总体格局万变不离其宗。1987年，国务院批复珠海经济特区从原来的6.81平方公里扩容为121平方公里，原则上同意珠海西部地区按特区政策开发建设。从这一年开始，珠海就非常慎重地、科学地规划了城市未来发展的蓝图。第一，统征全市土地，统筹制定全市城乡一体化总体发展规划。第二，跳出珠海看珠海，迅速掀起西部开发大潮，着手建设适应国际交往需求的大电厂、大水厂、港口、机场、铁路和伶仃洋大桥等命运工程，以及赛车、航展、电影节、音乐节等具有国际影响力的现代服务业项目，创造大工业需要具备的投资环境，抢占发展制高点，在最短的时间里以最小的成本与国际接轨。第三，统筹制定城市规划、土地管理、环境保护、人口、交通等基础法律法规，建设现代化新珠海。第四，重奖科技人才。

1993年以前，去珠海西部的金湾、斗门、高栏、南沙，要经过中山坦州、三乡、神湾三个镇、过几道河和无数小河涌，来回需要一整天。1992年，邓小平同志第二次到珠海时，想去西部看看，因河道纵横难走，只得作罢。珠海西部发生根本性改变，是在机场、港口、桥梁、道路、电力、通信和供水等大型基础设施建设起来以后的事。

梁广大说，宁可把市区没有完善的事暂时摆一摆，也不能耽误开发西部。我们不能只看珠海，西部广大地区人民群众也是珠海市密不可分的一个重要组成部分。不从根本上加速西部广大地区的经济发展，尽快改变西部广大群众面貌、提高西部人民生活水平，就是空话。

现在，大家乘飞机一到珠海，就会踏上贯穿珠海机场和港口、把珠海东西部陆地连成一体的一条大干道——这条大干道不仅从根本上改变了珠海西部贫穷落后的面貌，而且连上了国家的沿海高速公路，珠海人把这条路叫作"黄金大道"。

1987年夏天，时任珠海市委书记、市长梁广大率珠海市政府代表团一行6人访问加拿大苏里（Surrey）市，与时任苏里市市长多恩·罗斯签署缔结友好城市关系协议书时，采纳苏里议员马文·亨特的建议，着手筹备航展。

筹备珠海航展的第一件事，就是要把航展功能纳入珠海机场的规划建设中。珠海筹建机场的工作始于1983年，历时九年。考虑到"一国两制"的问题，澳门人可以很方便地使用珠海机场，而珠海和珠三角西部其他城市的居民使用在澳门建的机场却不方便，所以，在珠海建机场比在澳门建机场更合理。1992年5月，国务院、中央军委国函〔1992〕50号文同意将空军珠海三灶机场改建为民用机场，由解放军后勤部工程学院、北京邮电设计院、铁道部科学研究院等设计单位分别承担整个机场总体规划和各项编制设计及可行性研究等任务。

珠海机场动工一年多之后，澳门当局又提出要自己建机场。当时澳门还没有回归，澳方的意见属于外交事务。最终澳门如愿以偿，也建了机场，澳门机场的一部分工程和大量沙石方都是珠海负担的。按国务院批示，珠海机场的建设资金全部由地方自筹解决，一共用了39亿多。

珠海机场由国家民航总局负责项目的调研、论证、功能设定与方案设计。珠海把在机场的规划建设中统筹考虑航展的意见向民航总局请示，民航总局负责人很支持这个设想，在征得规划设计人员的同意后，便把航展功能与设计、机场跑道、博览会会场展馆等，都统一到机场建设总体方案中了。跑道长度从原设计方案的3200米延长到3400米，后来又增加600米，最终达到4000米，使跑道能够辐射到位于机场东区的航展区为航展预留空间，既满足将来大型飞机升降，又不影响机场飞机的正常飞行。这是当时中国最长的跑道，珠海机场也建成了中国最先进的机场。

机场验收问题解决了，航展报批却遇到了更大的难题。1994年1月22日，中共珠海市委、市人民政府正式向广东省政府、国务院各有关部委递交申办申请，希望能与民用航空总局、航空工业总公司、航天工业总公司、中国贸促会等4家单位，共同举办中国国际航空航天博览会。

1994—1995年，珠海副市长周本辉带队驻守北京，主要就申办航展工作分别向各个部门请示。临行时,梁广大叮嘱说:"需要什么我们都支持。"周本辉带着申办人员一个部委办一个部委办跑,说明举办航展的意义,寻求各个相关部委办的批准和支持,几乎把珠海驻北京办事处当成第二个办公室。申请了八九个月,经贸部、海关、民航总局、空管局、外交部、空军等都同意了,但还是没有申办下来。难度最大的是国防科工委。因为航展不同于普通的展会,有战机、导弹、雷达等军品参展,国外的飞机要飞进来,国外的军机也要进来,涉及国防机密,而且要开放领空,这是关系到国与国之间的关系和国家安全的大事,这一步迈得太大了,国防科工委不敢批复。

梁广大只好亲自到北京做工作。在京西宾馆,时任国防科工委主任丁衡高给梁广大指了一条路,说:"广大,办航展开放领空是破天荒的事情,除非有军委主席、总书记的批示。"丁衡高的建议让梁广大看到了一线希望。回到珠海驻北京办事处,他手写了一封信给江泽民总书记,陈述了珠海办航展所做的工作,以及举办航展的国际意义等等。他让办事处的同志当天把这封信送进中南海,就回珠海了。

江总书记很快就此批复了7点意见。中央各有关部委马上将航展上升到国家

▲ 如今的中国国际航空航天博览会

行为，并给予全力支持。国务院召开总理办公会议进行了专题讨论，专门成立航展组委会，李鹏总理委派吴邦国副总理当组委会主任，梁广大为副主任，明确中国航空航天博览会每逢双年在珠海举办，是国家行为。

1995年5月19日，中华人民共和国国务院对于珠海请示办航展的报告作出正式批复。国家主席江泽民、国务院总理李鹏、军委副主席刘华清、国务院副总理吴邦国、国防部长迟浩田等党和国家领导人，先后为首届珠海航展题词，字里行间寄托着对珠海航展的期望，也体现了国家意志和集全国之力办好航展的决心。航空航天工业总公司、贸促会等部门，马上抽调专家与珠海一起组成联合招商办公室，国防科工委、原总参谋部、原总装备部协调现役主力装备参战。中央军委、外交部出面邀请飞行表演队。

"申办航展，牵涉到国务院整个系统，国家计委、民航总局、经贸部、外交部、中央军委、国防科工委，差不多是十五六个单位。"时隔多年，梁广大说，"真的不是那么容易，好多人不知道其中艰辛。航展中间有几届珠海办得不是那么积极，有些大城市便虎视眈眈。确保航展在珠海举办是国家对世界的承诺，办好航展也是珠海对国家的承诺。"

1996年第一届航展，轰动了整个粤港澳。开幕式那天，汽车从珠海西区一直堵到中山，堵了四五十公里长，几十万人堵在路上。

港珠澳大桥的前身是梁广大主政珠海时筹划了十年的伶仃洋大桥，初心是为了缩短珠海与香港的交通距离、降低物流成本。"六五""七五"期间，珠海经济特区高速增长，但与香港的交通联系受伶仃洋阻隔，一个集装箱要绕道广州才能转运到香港。香港是国际金融中心、贸易中心、航运中心、空运中心、信息中心和陆游中心，早期内地大多数货物都必经香港转运到世界各国、各地区。20世纪90年代后期，东莞虎门大桥通车，但走这条路也比深圳、东莞多1500—2000多元费用。珠海九洲港码头到香港的直线距离运费少一点，但也比深圳、东莞多1000多元，而且船小，载货能力有限，再加上气候因素，运输成本和运输保障都不稳定，并不理想。外商兴致勃勃来到珠海，考察了几天后，深感珠海集装箱转运香港的成本太高，很难下决心在珠海投资。

梁广大最初的想法是把九洲港迁移到淇澳岛，离香港近一点；论证后发现这里滩涂太多，水太浅，解决不了根本问题。后又打算把九洲港迁移到内伶仃岛，这里离香港更近，只有九海里就到香港屯门的烂角嘴了，一上岸即香港国际货运码头。这个发现让梁广大很兴奋，于是进一步研究。再三琢磨，梁广大脑子里忽然来了灵感——从珠海市区架设桥梁到淇澳岛，再由淇澳岛架桥到内伶仃岛东面处建集装箱码头，然后用船运到屯门集装箱区，这样走，也比现在九洲港进出方便得多。他再三琢磨，又有了新灵感——既然珠海把大桥都架到内伶仃岛了，为什么不直接把大桥架到香港的屯门烂角嘴呢？这样不是更方便、费用更节省吗？珠海有建设跨海大桥的经验，世界上也有很多国家有建设跨海大桥的经验，再建一座跨海大桥也不是很难，更不是什么天方夜谭。1987年底，中共珠海市委、市政府做出一项重要决策：按照基建程序开始建设大桥的前期准备工作，打通对外开放通道，彻底突破制约珠海经济和社会发展的瓶颈。

1988—1992年，珠海先后与广东交通、航道、水利、环境、地质、水文、气象等相关的部门进行初步研究论证与规划；前后考察了东京大桥、横滨大桥、濑户大桥，以及美国的金门大桥、澳大利亚的悉尼大桥等。1992年7月，珠海市正式委托交通部公路规划设计院编制《伶仃洋跨海工程预可行性研究报告》。

中央和国务院领导都很支持这个项目。当时深圳和九龙半岛北干线公路已处于饱和状态，交通阻塞问题日益严重，建设伶仃洋大桥，在西面为陆路进入香港开辟一条新的通道与内地联系，将粤港澳三地连为一体，可以减轻粤港两地之间的交通压力，还可以改善香港境内公路运输紧张状况，形成一个新的强势经济区域。国务院总理李鹏和国务院副总理邹家华先后到珠海视察，仔细了解伶仃洋大桥的可行性分析情况后，都肯定地说：伶仃洋大桥建成之后，珠三角西部地区、海南、广西、云贵川，以及整个国家西部地区都可以走这个更便捷的路径去香港，缩短200多公里路程。

1997年12月10日，国家计委以计交能〔1997〕2455号文报国务院。此文件指出："经前中英关于香港与内地跨境大型基建协调委员会的多次协调，对伶仃洋大桥在香港侧的着陆点烂角咀已得到香港特区政府的初步认定，香港回归以后，香港特别行政区政府对建设伶仃洋大桥及选择烂角咀为大桥在香港侧的着陆点进一步给予确认。为保护伶仃岛自然保护区环境，路线方案已选择内伶仃岛北侧滩涂通过，并将严格按照国家环保要求采取相应措施。……由于该项目在珠江三角洲公路网中的特殊地位和作用，预测2005年其年平均日交通量将达到36238辆（以小客车计），2025年将达到114360辆，因此，伶仃洋大桥拟采用双向六车道高速公路标准。"

1997年12月17日，国务院召开总理办公会议，原则同意伶仃洋大桥项目。1997年12月30日，国家计委以计交能〔1997〕2595号文正式批准珠海伶仃洋大桥项目立项，中共珠海市委、市人民政府邀请内地与香港、澳门的记者，以及一些国外记者，在石景山旅游中心召开伶仃洋大桥立项新闻发布会。

情侣路这里原来没有路，1958年以前，从鸡公山到侨苑都是原始的黄沙滩，只有几十户人家。1958年，唐家湾建军港，原来的唐家渔港迁到了现在的香洲渔港，筑起了防波堤，养蚝场、木材公司、造船厂、渔机厂、水产品综合加工厂、制冰厂等23个单位，2万多人靠着这条海岸吃饭。1992年，珠海经济突飞猛进，刚刚改造过的凤凰路不堪重负，珠海市委、市政府决定沿海岸再建一条通往中山、广州方向的5公里道路，尽量利用海岸空地，把沿海各个组团连接在一起，不多占土地，也不多占海面，不破坏自然岸线和山体，缓解凤凰路的压力。第一个设计方案穿山而过，把整条海滨路都拉直了，没有海湾，也没有菱角嘴，梁广大觉得不妥，他说："海湾是自然形成的，对台风登陆有缓冲作用，不能随便改造，弯弯曲曲总是情，直来直去有风险。"

梁广大提议这条路叫"情侣路"，马上就有干部反对，说"很肉麻"。梁广大说："我们是经济特区，思想要解放一点，过去大家都找黑暗的地方谈恋爱，偷偷摸摸的，好像见不得人，现在我们要提倡光明正大地谈恋爱，要开着车谈恋爱。"众人默然。散了会，梁广大把国土局局长叫来，说："你去找几块板子，写上情侣南路、情侣中路，情侣北路。"然后告诉他，这三块牌子具体安放在什么位置。情侣路就这样诞生了，那三块牌子当年的位置就是今天指路牌的位置。

　　由情侣南路、情侣中路、情侣北路三个路段组成的情侣路，全长32公里。这条城市主干道，2011年高票入选"珠三角十大景观"，这次评选是由广东省文明办、广东省旅游局和南方日报社联合组织的。组织者一再要求，入选景观不仅要成为绿色珠三角的地理坐标，还要成为幸福珠三角的精神坐标，是老百姓能够看得见、摸得着、享受得到的幸福载体，是要为幸福鸣锣开道。评选过程完全是公众的自主行为，历时四个多月。情侣路的得票率遥遥领先于南海西樵山、东莞虎门、中山故居、惠州罗浮山、开平碉楼、肇庆星湖等老牌旅游景点，仅次于"广州辛亥革命遗迹群"和"深圳欢乐世界"，位居第三，是入选

▲ 航拍情侣路及珠海大剧院

"珠三角十大景观"其中唯一非旅游景点的景观。

珠海是中国唯一以整体城市景观入选"全国旅游胜地四十佳"的城市。珠海沿江沿河的道路都是按照情侣路的标准建设的，包括海岛上的道路。很多城市都在忙着建公园，珠海直接把整座城市建成了公园；很多人都在周末和节假日找地方度假，珠海人每天都在度假。

未来中国的发展在相当长时间内仍然依赖于城镇化水平，珠海为未来我国城市化城镇化可持续发展提供很多宝贵的经验，在执政理念、思维方式和发展实践方面提供了一个样板。这个样板的意义在于：谋篇布局是城市发展的灵魂，而且要一张蓝图绘到底；城市理想、城市规划和法律法规是共同组成城市发展的良好机制，生态环境和文化底蕴同样也是城市的重要发展资源，缺一不可；经济增长不是工业单兵突进，不需要以污染环境、牺牲人的健康为代价。

梁广大不仅在任期间勤力做事，而且更可贵的是他有长远的战略眼光，不光是站在本地，还站在更广阔的时空角度看珠海，并勇于为珠海描摹美好的未来。

二、血染的风采
——记对越自卫反击战一等功获得者张金明

张金明，珠海市南屏村人，1955年生，1976年2月参加中国人民解放军，次年被任命为班长并加入中国共产党。1979年2月17日随军参加对越自卫反击战，属中国人民解放军陆军第55军163师487团一营一炮连3排7班，随步兵作战。在对越自卫反击战中，因多次进行火炮增援，在作战中有突出贡献，被授予个人一等战功。

我们在复述这些时间留存的数字时，冰冷的数字让人眼前浮现出青春之花、热血之躯、战火浩荡，时间从褪尽硝烟的底色里，铺展开沉重的回忆。

张金明的父亲是共产党员，在父亲的熏陶下，张金明与兄弟三人长大后都入伍成为士兵，保家卫国。

1972年，高中毕业的张金明在农村种了两年田，随后又到公社农机厂当钳工，参加农机厂工作让张金明掌握了一定程度的机械知识，也为日后的炮兵工作打下了基础。1976年，21岁的张金明告别家乡，来到位于揭阳的中国人民解放军陆军第55军163师487团一营一炮连3排7班服役。回想起新兵入伍，张金明感慨良多，163师是"全训"部队，对训练要求严格，每天早上5公里全副武装越野训练是必不可少的，此外，还有各种各样的军事训练、技术考核。

张金明回忆："每天早晨一定要先喝盐水，不然5公里下来人就虚脱了。"他当时使用的是82毫米口径的无后坐力火炮，仅炮身便重达43斤，全副武装越野不仅要背着炮身，还有瞄准镜、4枚手榴弹、水壶、挎包等，重量超过50斤。

"第一次参加全副武装越野训练，别说5公里，500米我都跑不下来，但知道不能放弃,只能咬着牙坚持。"半年后,当初那名懵懂的新兵,已经蜕变成合格的军人,5公里全副武装越野训练不在话下。正是知难而上,百炼成钢,才让老山前线的一等功臣成为可能。

张金明最初的计划是两年服役期满后,回到珠海继续读书,但是也许是作为军人的使命没有完成,1978年末,他跟随部队来到了广西。在中越边界的山上设防驻扎,靠近友谊关,张金明便开始感受到前线紧张的气氛,公路上看不见平民,只有飞驰而过的军车,张金明和战友已经闻到了战火的气息,但是没时间恐惧和权衡,只有做好心理准备,接受迎面而来的血与火的考验。

1979年2月17日,进攻时刻来临,当天拂晓,炮火映红天空,回想起当年的战争,张金明印象最深的是在同登镇"法国楼"的一场战役。"法国楼"其实是一座山,1943年,法国人将山挖开,用两米多厚的钢轨筑壁,浇灌了混凝土,使整座山成了一个钢铁地堡,里面各种设施齐全,四面八方遍布射孔,易守难攻,489团打了两天都无法攻破。当时两个班已经攻上"法国楼"了,但很快便受到越军的火力压制,请求增援。张金明所在的部队奉令增援前方,2月20日早上6点多来到同登法国楼的前沿阵地,"远远的我就看到山上地堡里有重机枪,只能抱着炮身和弹药匍匐前进,走到距离炮楼20米的地方,我趴在地上,选择较佳的位置打了3发,命中敌人3个最危险的火力点。"增援部队迅速攻占法国楼,歼灭越南飞虎团1300多人,攻下法国楼。

1979年2月25日,我军进攻探垄阵地群,然而战况并不理想,越军利用地形优势摧毁了我军在前沿阵地的一辆坦克,并试图攻打第二辆。这时,张金明接到命令——火速进行增援,他立马带上装备跑步抵达7号高地,利用25米战壕作掩护,对越军火力点进行打击,"打到第四发炮弹,我就知道自己被火炮震聋了,可我不能停下来,必须全力以赴!"一仗下来,张金明共发射13发炮弹,消灭越军7个火力点。

张金明战功卓著,但是战争的残酷,却让张金明永远地失去了右耳的听力,提起这件事,张金明很平淡地说:"为了取得胜利,很多人付出了生命,能够活着回来，已是幸事。"

失去听力、从事卑微的保安工作、自己买社保、过着平凡的日子，这位一等功臣从没有任何怨言，他一直心怀感恩，因为战争结束后，最让张金明感到高兴的并非个人一等功的荣誉，而是作为班长，他所带领的8人战后无一伤亡，"我是班长，我把他们带出去，再完整地带回来，我对得起他们的父母，这是我的荣耀。"

很快，战场上获得的一等战功奖状送到张金明家，一家人都为他感到高兴，但张金明心里却高兴不起来。没有人知道有些痛，今生再也抹不去，他说："当我的奖状送到家里时，牺牲的战友家里也收到了烈士证明书。"他后半生无数次痛苦地回忆，1976年2月22日，16名少年从南屏戏院出发，戴着大红花入伍，一同参加战斗，最后，却只有13人归来。这就是战争不可避免的代价，所以，和平是如此宝贵，和平时代的人们应该知道，这是军人的生命和鲜血铺就的坦途，张金明说，一等战功从来都不是属于他个人的，而是属于所有战友的。

硝烟已散去，炮火也已冷却，而当年在战场杀敌的军人，绝不会被历史遗忘。

三、坚守外伶仃岛36年的"邮递员"谢坚

"想给远方的姑娘写封信，可惜没有邮递员来传情……"从久远的歌声里，我们了解到那个年代"邮递员"对于日常生活的重要性。"从前的日色变得慢，车、马、邮件都慢，一生只够爱一个人。"那个慢的年月，邮件，承载着人生中的无尽可能；邮递员，是传书的"鸿雁"，邮递员的大口袋里装着"外面的世界"。外伶仃岛邮政所的邮递员谢坚用36年的坚守为我们讲述了一个平凡又伟大的职业传奇。

1967年，谢坚出生于广东省雷州市，1984年入伍，在海军某基地服役4年，因为在部队学过无线通信技术，1988年，谢坚退役时，响应建设特区的号召，前往珠海市外伶仃岛当了一名邮递员。

在去外伶仃岛之前，谢坚对"邮递员"形象还是蛮喜欢的，他也了解到外伶仃岛是珠三角地区进出南太平洋国际航线的必经之地，具有重要的战略地位，褪去军装换上邮递员的工作服，一样是守卫边疆。经过5个小时的海上颠簸到达邮政所的时候，谢坚才发现：这是一个人的邮政所！所谓的邮政所，其实只是一间石头建的房子，全所只有一个人，其条件之简陋超出了他的想象，睡觉的地方就是由一张凉席、两块木板、两条长凳拼凑组合起来的一张床；做饭的地方，就是砖头搭起的简易灶，上面有一个煮饭的小锅。

任何人都会被这种理想到现实的落差击晕，唯一能让谢坚迅速调整心态的是把他接到邮政所的赖伯，他是岛上唯一的邮递员，已经年满62周岁，由于条件艰苦，一直没有新邮递员来接班，因此，赖伯不得不延迟退休两年多。有赖

伯的坚守在前，艰苦的环境也没有让曾经的军人打退堂鼓，他决心扎根海岛，把邮政所的这副担子长久挑下去。刚上岛时，由于岛上缺水少电，物资补给不足，谢坚经常靠干吃方便面充饥。为了节省淡水，他每天只用半杯水洗脸、半杯水刷牙，遇到下雨天，就在雨里打肥皂洗澡。

这个小小的邮政所，各项业务都包含，又要汇款、又要无线通信、又要邮寄包裹……全是一个人包办。

当年的外伶仃岛邮政营业所除了服务岛上的党政机关、驻军部队和渔民外，还负责周边的担杆岛、北尖岛、庙湾岛等多个不通航海岛的邮政服务。当时，海岛环境简陋，交通极为不便，通信也不发达，岛上的务工人员大都是来自沿海地区的流动渔民，邮政几乎成了他们与外地联系的唯一方式。不少渔民经常出深海作业，给他们送信并不容易，很多来信上只写了"珠海市外伶仃岛某某收"或"外伶仃岛邮政所收"，为了送达一封信或电报，谢坚往往要四处找人打听，分门别类整理好不同岛上的邮件包裹，再送到各个海岛去。当时，

▲ 广东省旅游名村：万山区担杆镇外伶仃村

因为邮政所没有自己的交通工具，他只能借助渔民的渔船，有时托渔民帮忙捎带到其他各个海岛上去，如果邮件较多，就坐着他们的渔船到不同海岛上去送邮件。

早上五点搭乘渔船出海，八九点前再随打鱼归来的渔船回到外伶仃岛，这样正好保证邮政所准时开门；渔民使用的大多是木制渔船，船体小，抗风浪能力弱，遇到特殊天气，很容易发生险情。最难忘的一次是1991年春节前一天，他背着两大袋邮件从外伶仃岛搭乘一艘小渔船去担杆岛，不料船开到一半发动机坏了，茫茫大海呼救无望，他只好和渔民一起任由小船在海上漂泊，直到晚上点起求救的火炬才被路过的船只救起。谢坚为防止水渗透进两袋邮件，用雨布把装邮件的袋子绑得紧紧的，并且写好了一封遗书："各位好人，你们好，如果你们捡到这两袋邮件，请交回当地政府或者公安局或者邮政部门，去完成我没有完成的任务。"

谢坚说今生最对不起的人是自己的父母，他欺骗过父母，一字不提岛上的艰辛，说自己在经济特区工作；他拒绝过父母带他离岛回家，当时父母一路颠簸，揭开了他"经济特区工作"的神秘面纱，断言岛上比农村的劳动环境还要苦；他失去了为父母尽孝的机会，之前很少有机会回去探亲，而今双亲都已带着不舍的牵挂走了……谢坚知道父母并不是没有觉悟，不然就不会毅然送子参军报效祖国，父母的爱子、疼子之心后来就变成了"不打扰模式"，默默支持着他的工作……

谢坚的妻子蔡丽妆，无疑是谢坚最得力的助手和坚强的后盾，1998年的建军节，被岛上"邮递员"职业耽误了找对象的谢坚与岛上的蔡丽妆喜结连理。经历了8年的两地分居生活后，2006年，珠海市邮政局特聘蔡丽妆为外伶仃岛上的邮政职工，于是，岛上一个人的邮政所变成了"夫妻所"。平时，蔡丽妆在所里值班办理业务，谢坚外出投送邮件，夫妻俩把岛上的邮政工作做得有声有色。

随着时代前行、通信发展，近年来，信件越来越少了，可快递包裹却越来越多，在邮政所里，谢坚和妻子仍然一如既往忙碌着。36年来经过谢坚的手派发的邮件达200余万件，由他从海岛发出的邮件也多达150余万件。他身穿绿色制服，翻山越海派发邮件，让邮件送达率达100%，无数"死信"从他手中被"救活"，成为海岛军民心中的"绿衣使者"。

因为坚守岗位、工作表现出色，近年来，谢坚被评为"全国劳动模范""全国最美职工""中国好人""广东省优秀共产党员"，并光荣地当选第十三届、第十四届全国人大代表。

全国人大代表的连任让谢坚深知肩上的责任更加重大。他利用投递邮包的机会，积极深入渔村、码头、市场、商户、企业走访调研，了解群众所求、接收群众诉求、反映群众建议。

"我希望可以加快推进海岛公共设施建设，为居民生产生活和海岛经济发展提供更好的基础条件！"在十三届全国人大一次会议上，谢坚提出《关于加快推进边远海岛和偏远地区公共基础设施建设的建议》，为包括外伶仃岛在内的万山群岛争取到15亿元的基础设施建设补贴。在2020年的十三届全国人大三次会议上，他又提出建议，呼吁合理利用沿海丰富海域、滩涂资源，激活"蓝色引擎"，建设"海上粮仓"，大力发展海洋养殖。他的提议得到相关部门积极回应，明确将继续支持粤港澳大湾区近海养殖向深远海发展，加快海洋牧场建设。

自当选全国人大代表以来，谢坚共提出建议20余份，涵盖粤港澳大湾区经济发展建设、海洋生态、海水养殖等多个领域。这些建议符合民情、贴合民意，得到相关部门的高度重视，实现了建议、建设双"落地"。

为了更好地反映群众诉求和为国家建设建言献策，谢坚在工作之余经常深入渔民中间，询问大家的需求和想法，小到群众反映的个人诉求，大到海岛基础设施建设、粤港澳大湾区建设、国际物流电商信息互联互通等，谢坚关注和调研的课题越来越广，在人民和人民代表大会之间，谢坚也是个合格的"邮递员"，人民的声音就是一个都不能少的"邮件"，他有责任百分百送达。

再次唱响《战友之歌》，他的心中依旧燃起军旅时光的那份激情。在这座偏远的海岛，他已经坚守了整整36个春秋。如今，外伶仃岛已经开发为一个著名景区，人们一到码头，首先看到的便是那栋五层高的楼房，这是邮政所新的办公场所。"改革开放""大湾区经济建设"的春风，不仅让这个小小的海岛邮政所有了新面貌，也给整个外伶仃岛和周边岛屿带来了日新月异的变化，在谢坚看来，这就是他退役36年来，青春热血奉献海岛的最好见证。

四、珠海担杆岛卫士刘清伟

广东省退役军人事务厅与羊城晚报报业集团联合开展微纪录片《情系山海》，讲述了珠海退伍军人刘清伟守岛三十余年的感人故事，很多人通过这个纪录片才完整地了解了刘清伟的故事，除了"全国模范退役军人""全国最美退役军人"称号的荣誉光环，我们也看到了这三十几年的守岛岁月带给刘清伟个人的巨大遗憾：父母离世未能尽孝；孩子高烧贻误救治导致脑瘫……

这一切要从1989年说起，将要退役时部队领导问刘清伟，愿意继续服役转志愿兵，还是去保护区当职工。当时广东省成立猕猴自然保护区，要从部队挑选精兵，一是因为盗猎偷猎、盗采盗伐珍稀动植物行为猖獗；二是因为该岛荒凉闭塞，生存环境异常艰苦。

"服从组织安排！守好岛，不给部队丢脸。"这一句简单的承诺，却一诺千金，刘清伟践行了三十余年，和队友抓获不法分子160多名，追回2000多棵罗汉松、黄杨等珍稀植物价值超亿元，保育野生猕猴近3000只……

1989年10月2日是刘清伟上岛的日子，47海里的行程，伴随着翻江倒海般的呕吐，颠簸了8小时才到了担杆岛码头，同他一起上岛的还有年长一岁的班长罗家福。

担杆岛虽是省级保护区，开发建设却是一片空白，所有生活和工作难题要靠这两位"拓荒者"自己解决。这座岛由7座山峰连成一线，海拔322米，分担杆头、担杆中、担杆尾，面积13.2平方公里。只有部队撤防时留下的石头房，破败不堪；没有照明电，喝很远的山沟沉淀水，买米粮要去8公里外，去一趟挑

120斤，肩膀磨掉一层皮，双脚磨出血泡；没肉没青菜的日子，吃难以下咽的油盐炒饭。

上岛伊始，两个守岛人为了解决吃菜难的问题，顶着烈日辟出的菜地，却迎来一场八九级的台风，把菜苗刮得一棵不剩。荒岛生活艰难困苦，接下来三十余年的守岛岁月，更是九死一生：他遭遇过大蟒蛇，用一件衬衣脱身；曾从30米高的悬崖坠落；儿子在岛上高烧半月因没有船出岛，贻误治疗落下脑瘫；父母在世时未能在身边尽孝，母亲病逝两个月后才收到家里的电报……

▲ 担杆岛省级猕猴保护区

妻子潘红带着儿子回到老家，学会了省吃俭用，又找了兼职，用以维持治疗用药和生活。儿子两岁半时，刘清伟才从岛上回来探亲。第三次团聚时，又过了两年！为了担杆岛，刘清伟付出了自己的青春、儿子的健康和未来、妻子的大好年华和自己的事业。

刘清伟有一项重要工作是养育猕猴。这工作看似简单，却危险四伏。养育猕猴，要悬崖处行走，密林里穿梭，蟒蛇、巨石都是潜在的危险；与那些盗采盗挖的不法分子斗争，更危险。因为担杆岛远离市区、人迹罕至，为珍稀植物提供了良好的生态环境，利益的驱使让一些人挺身走险，疯狂偷盗岛上的"摇钱树"罗汉松。

刘清伟记忆最深刻的是一天傍晚，一艘500马力的大船正非法装运罗汉松，刘清伟驾驶40马力的小船横在前面。盗挖头目歇斯底里："躲开，我要撞死你！"千钧一发之际，一个巨浪突然把大船抛起，从刘清伟头顶掠过，要不是那个巨浪，他可能将葬身海底。

刘清伟坦诚地说："说不怕死是假的，但是当过兵的人，明知危险，也不退缩。"按照一个军人的操守准则来要求自己，是刘清伟坚持大半生的底线。

他曾经有过离岛的机会，转岗到各方面条件都优渥的淇澳岛红树林自然保护区，分别时，猕猴仿佛有预感，对其恋恋不舍，有的拉他的手，有的爬到他身上，有的去亲他脸，有的扯他衣服，这让他无法安心离岛。

那也是孩子病后一家人难得的快乐时光。淇澳岛紧靠市区，环境优美，接连几天，他携妻带子在周边漫步，可刘清伟梦里念叨的却是担杆岛的猕猴"阿山""阿海"的名字，潘红太懂得他的念想和心思了，她难舍却平静地说："清伟，你回岛上吧，别折磨自己了。"

回岛那天，看到妻子一手打伞，一手推着16岁的儿子，艰难地走在雨中。他意识到，他欠妻子的情和债，这辈子也还不清。很多次刘清伟坚持不下去的时候，就会想起老班长这句话："不一定非要战争年代才能成为英雄，和平时期只要认真工作、勇敢生活，也会成为英雄。"

如今，担杆岛森林覆盖率从不足50%增长到96%；管理植物438种，野生动物85种，其中列入国家重点保护的珍稀濒危野生动植物13种。猕猴数量发展到近3000只，成为我国南端最大的猕猴群落。而守岛的刘清伟，从身着绿军装的战士到一名护林保育员，从青春少年到两鬓斑白，他以孤岛为家，与猕猴做伴，为守护担杆岛的珍稀动植物资源付出了全部的心血与热情，也作出了常人难以忍受的牺牲。刘清伟说："我是一个兵，虽然换了岗位，但还是要去攻克它，就好像上战场一样。"

五、珠海网箱养鱼带头人——冼十五

对于一个海岛城市，渔业的发展，至关重要，特别是对于土著的渔民来说，靠海吃海，也是祖祖辈辈的传承，在当今珠海各行各业全面快速发展的今天，走在桂山岛的桂山大道上，放眼望去，港池里波光粼粼，渔船成排。近年来受到海洋环境退化的影响，桂山的近岸网箱养殖正在逐步转向深海大网箱养殖。在历史发展的进程中，当年桂山岛的网箱养殖曾因率先尝试而闻名遐迩，带头渔民冼十五也成为20世纪八九十年代的风云人物，当选全国劳模。

1982年，桂山岛渔民冼十五去香港时看到亲戚在搞网箱养殖，不仅产量高、品质好，还有很好的销路，他看在眼里，记在心上。因为以前桂山渔民都是渔船撒网捕鱼，一晚上好的时候可以有一两万斤的渔获，差的也有几千斤，由于鱼的产量逐渐减少，渔民的收入已经大不如以前，冼十五回到渔村就开始动员村民开展"网箱养鱼"。

冼十五敢为人先，信心百倍地说通了同村的黄志光、吴福，他们三户开始承包海域养殖优质鱼，尝试着在桂山岛上也搞起了网箱养殖，一户一个渔排，一个渔排八个网箱，拉开了桂山岛网箱养殖的序幕，当地人管这个叫"围网结合"，就是捕鱼和网箱养殖双管齐下，这三户渔民的收入得到很大程度的提高，很快吸引了一大批渔民前来学习这种先进的养鱼技术。

回望当年，冼十五的网箱养鱼带给村民的不仅是技术和产量，还是巨大的财富。因为鱼大多数都高价销往了香港，1984—1986年，桂山岛海水养殖专业户从3户发展到41户，网箱也从24个发展到872个，冼十五也因渔业养殖成为桂山首富，在岛上盖起了楼房。20世纪90年代，桂山镇近岸养殖网箱更是激增到1300个，养殖面积达8万平方米，标志着桂山岛进入了网箱养殖时代，成为万山群岛传统渔业的领头羊。当时全国各地到桂山来参观的人络绎不绝，冼十五更是经常上报纸，成为桂山渔民的骄傲。

过度开发导致自然环境遭受前所未有的破坏，十几年快速发展的近岸渔排网箱养殖，让桂山岛有限的浅海滩涂和沿海港湾资源严重超负荷。谁也未曾料想，曾经给渔民带来致富之光的网箱养鱼，也能给人们带来灾难。从2000年以后渔民最常说的话就是"港池变脏了"，其实这句话包含着一个残酷的现实，那就是海水受到污染，造成鱼苗病害增加，有时候渔民投入几万元的鱼苗最后全死了，经济损失惨重，桂山传统的网箱养殖面临严重困境，形势急转直下，只有谋求新的发展才能有出路。

冼十五的名字和网箱养鱼的历史紧密相连，留在桂山岛的往昔，冼十五"勇于创新、敢为人先"的创业精神一直引领着新一代桂山岛人，不断探索新的发展途径。

▲ 桂山岛文天祥纪念广场

近年来桂山镇积极推动深水大网箱养殖，引导渔业生产转型升级。首先开展了整治港湾工作，聘请专业团队对桂山港池进行全新功能规划，把航道的预留、浮标的建设和渔排的整治同步进行，推进桂山港池基础设施更新换代。航道清理基本完成，近海网箱搬迁也已初见成效。

目前桂山镇政府正在大力推动深水网箱养殖，推出资金和政策优惠，鼓励扶持本地养殖企业发展深水大网箱，引导传统养殖户升级转型。深水网箱抗风浪强，能避开近海的易污染环境，与传统网箱相比，集约化程度高、养殖密度大，网箱养殖鱼的食物来源更加丰富，鱼类生长速度快，肉质好，品质天然。同时深海海水具有一定的流速，鱼类的排泄物会很快被海水带走，与传统网箱相比，深水网箱养殖鱼类的病害较少。

在20世纪桂山网箱养殖奇迹之后，桂山镇将再次打响桂山岛的渔业品牌。冼十五的身后已经有新一代有文化懂技术的"冼十五"们茁壮成长起来。大海给人类慷慨的馈赠，也给人类过度索取带来惩罚，这样几个回合之下，相信人类已经学会了在进取中有所敬畏，科学捕鱼，才可以永远与大海共生。

六、格力之路

珠海著名企业家董明珠是一位杰出的女性,她对这个时代有着重要意义。

作为一个白手起家的女企业家,业内人士称"董明珠走过的路寸草不生",虽是笑谈,但也言中了她霸气的性格、强硬的做派。30多年来,她的魅力和魄力也形成了她自己的人格符号,也正是这种性格和气场成就了她与格力的传奇。

董明珠曾经说过:"像个男人一样去战斗,像个女人一样去生活,但如果丈夫还在,我现在仍是个家庭主妇。"在董明珠30岁的时候,丈夫去世,生活的重担和年幼儿子的抚养全然落在了她一个人的肩上,做过各种工作,苦苦挨过6年后,36岁的她坚决南下珠海。正是生活的变故,她一步一步逼迫自己前行,披荆斩棘。

1990年,董明珠加入了刚刚在珠海成立的格力电器公司(当时名为海利空调厂),成为一名销售人员。

工作起步的时候,董明珠并没有多少销售经验,但她凭借坚韧的性格和不懈的努力迅速成为公司的一名优秀销售代表。她不仅能够深入市场调研,了解消费者需求,而且还能根据这些信息创新性地开发出满足不同用户需求的空调产品,差异化的产品战略帮助格力电器公司在市场上获得了竞争优势。

董明珠的个人销售成绩也十分亮眼。1992年,她在安徽市场的销售额达到了1600万元,占公司总额的四分之一,创造了当时的销售神话。随后,她又以卓越的表现赢得了公司领导的认可:1994年,格力遭遇了一场重大危机,主要的销售人员突然"集体离职"。董明珠没有被诱惑所动，坚守在格力，接手了经营部长的重要职务，在格力电器最困难的时期，她挺身而出，有能力也有担当。

1996年夏天，华东地区经历了40多天的梅雨期后，气温持续走低使得空调销售放缓。为了在萎缩的市场中争得份额，大批空调产销厂商开始大幅降价。但时任格力电器经营部长的董明珠却坚定立场不降价，并提出一个大胆的计划——将利润分给经销商，她说服朱江洪同意这个计划，并带领着23名营销业务员奋力迎战国内厂家成百上千人的营销团队。这次"战役"中，格力电器销售收入增长了7倍，从4亿元增长到28亿元。

1996年11月，格力电器股票在深圳证券交易所上市。同年格力空调产销量超过当时最大竞争对手春兰空调，跃居全国首位。1997年6月，董明珠被任命为格力电器副总经理。

2001年6月，董明珠出任格力电器总裁。她开始整顿干部作风，并提出"以人为本"的管理理念。

她还大力推动了格力的技术创新和品牌建设，提出了"只做精品"的口号，坚持不做低端产品，不打价格战，不走低质量的捷径。她说："我们要做的是让消费者满意，让社会认可，让国家骄傲的产品。"

2005年，董明珠率先在空调行业推出了"十年包换"服务，向消费者承诺，如果格力空调在十年内出现故障，就免费更换新机。这一服务引起了轰动，也证明了格力空调的高品质和高信誉。

2006年，董明珠又率先在空调行业推出了"变频空调"，将空调的节能效率提高了30%以上。这一技术创新让格力空调成为市场的领导者。格力电器也成为中国最具影响力和竞争力的家电品牌之一，在全球拥有近2亿用户，在中国、美国、欧洲、日本等80多个国家和地区都有分公司或代理商。格力电器也成为中国最具创新能力和社会责任感的企业之一。

随着时间的推移，董明珠职位逐渐升迁，最终在2012年成为格力电器的董事长和总裁，全面执掌公司的领导权。在她的领导下，格力电器取得了显著的发展，从格力基层销售员一路走到了格力董事长的位置，董明珠的领导能力和决策力有目共睹。前行的路上她始终不忘振兴"中国制造"的初心，人人都记得格力最早的那一句广告词"好空调，格力造"。她领导格力创建"一核四纵五横"T9全面质量管控体系，共研发出24项"国际领先"技术，获得2项国家科技进步奖、1项国家技术发明奖、4项中国专利奖金奖。格力远销全球160多个国家和地区，连续14年全球销量第一。董明珠用了22年的不懈奋斗，理所应当地坐上董事长的位置，从小厂走到世界500强，创造了销售神话。

董明珠的创业历程充满了挑战和个人奋斗的故事，她通过不断的学习和努力，从一个普通的业务员成长为一个杰出的企业领导者，其故事激励了许多后来的创业者，作为杰出女性对这个时代中国女性树立自立、自强、自信的群体形象有着非常重要的意义，继董明珠之后，华为集团、娃哈哈集团等都有女性"接班人"出现在企业史上。

有人说，未来的中国社会将进入女性占据管理优势的社会，中国女性早已经做到了"擎起半边天"。董明珠称之为"她力量"。在2023年"粤港澳大湾区妇女融合协同发展"活动上，身为珠海格力电器股份有限公司董事长兼总裁的董明珠以《"她力量"撑起美好生活"半边天"》为题进行主旨演讲，深刻分享了自身对女性力量和大湾区女性的独特品质的见解。

作为一位资深女企业家，董明珠提到自己的努力与奋斗，但同时感慨更多女性在不懈拼搏，呼吁每位女性都应该脚踏实地，用实际行动影响他人。她强调，要发挥"她力量"，首先需要将本职工作做到极致，扮演好自己的角色，并通过自身的影响力激励他人。

演讲中，董明珠聚焦科技创新对制造业的影响。她指出，过去十年，科技创新是"中国制造"从低价值代名词转变为核心技术攻关的重要推动力，她的话语中充满对技术创新的呼吁和对实体经济的责任担当。

关于大湾区女性，董明珠以挑战精神和创新意识两个词来形容。她强调大湾区在地理上的优势，鼓励女性充分利用这一优势寻找机遇。这也表达了对大湾区女性特点的认可，她们敢于挑战，有着创新的思维，展现出独特的风采。这也为大湾区女性在挑战和创新的道路上注入了更多的信心和动力。她鼓励每位女性都要努力去实现自我价值，努力把自我价值转化为女性群体价值、社会价值。

一个独步人生的女性缘起家庭的责任，却走出一条"寸草不生"的创业路，在空调江湖上打出了自己的一片江山，董明珠用自己的故事告诉我们，只要有信念，有执着，有拼搏，就能实现从平凡到卓越的华丽转身。格力是她的王国，她是格力的灵魂，也是空调江湖的传奇。

七、"取自全球"的汤臣倍健

说起汤臣倍健,有很多人不知道这个膳食补充剂王国的缔造者梁允超。出生于1969年的梁允超,是唯一登上福布斯全球亿万富豪榜的韶关客家人。

早在1995年10月,梁允超率团队创立汤臣倍健,公司地址就在珠海市金湾区三灶科技工业园星汉路19号,汤臣倍健于2002年系统地将膳食补充剂引入中国非直销领域。

2004年,梁允超提出了汤臣倍健的"取自全球,健康全家"品牌理念。"原料取自全球"的战略落地极具挑战,但能更好地控制产品的原料品质,从"起点"就高于同行业。历经万难,汤臣倍健将"取自全球"坚持了下来,也因为"取自全球"让消费者信赖、满意、期许。梁允超表示:"我们看着自己当初的梦想在一步一步实现。"

自己的产品站稳脚跟后,梁允超深知,一个成功的企业绝对离不开"社会"的厚土给养,一个有良知的企业也必须回报社会,2005年,汤臣倍健启动"1+1+希望工程"计划,每年援建至少一所希望小学,这个项目一直延续至今。

2010年12月15日,汤臣倍健在深圳证券交易所创业板挂牌上市。

梁允超的公益爱心一直与企业的发展同步,2011年,汤臣倍健启动"健康快车营养中国行"大型公益活动;2012年,汤臣倍健启动"贫困地区儿童营养改善项目";2013年,汤臣倍健联合中国青少年发展基金会共同发起"希望工程汤臣倍健营养支教计划"。梁允超说,我们的能力或许有限,我们的心愿永

▲ 汤臣倍健透明工厂

▲ 汤臣倍健营养探索馆

不会放下……

时光荏苒，十几年来，汤臣倍健坚持执行"三步走"的差异化全球品质战略，从全球原料采购到全球原料专供基地建立，再到全球自有有机农场建立。迄今为止，汤臣倍健原料产地遍及世界各地23个国家和地区，并在巴西、澳大利亚等地建立了5个原料专供基地，自有有机农场也在筹建中。在全球范围内不懈甄选优质原料，汇聚世界各地的营养精粹，构筑起优中选优的"营养品联合国"，如今，汤臣倍健已成为中国膳食补充剂非直销领域的领导者和标杆企业。

一个好企业的背后，一定有一个卓越的企业家和他带领的一个优秀的团队，这位拥有中南财经政法大学和中山大学的双硕士学位的企业领导人，在汤臣倍健的产品定位、企业发展的蓝图中，展现了他知性、博爱的一面。梁允超认为国内企业的全球化模式多为"中国的原料、外国的品牌、外国的市场"，而他带领汤臣倍健执行的却是完全相反的一条道路，即"全球的原料、中国的品牌、中国的市场"。秉持"全球营养，优中选优"的品牌理念，他希望汤臣倍健用全球的资源、中国的品牌，来服务于中国的市场，走出"不一样的全球化"之路，打造"营养品的联合国"。

"诚信比聪明更重要"是梁允超所信奉的企业经营理念。汤臣倍健拥有国内保健食品行业内首个"透明工厂"，是全球领先、品控严格的膳食补充剂生产基地之一，于2012年6月在珠海落成，并率先在行业内开放供各界参观，全球原料可追溯，生产过程全透明，近200项内控检测项目严于国家标准，以严苛要求打造让人放心的高品质产品。诚信乃立厂之本，"在信息不对称的情况下，诚信和透明显得尤为重要"。汤臣倍健的定位不是为客户，而是为家人和朋友生产高品质的营养品。

除了提供高品质的营养品，汤臣倍健更关注解决人们的健康问题和生命质量的提升。按照"一路向C"的战略思路，汤臣倍健正实施从产品营销向价值营销的战略升级。从单一产品的提供商逐步升级至健康干预的综合解决方案提供商，致力于成为膳食补充剂行业的领导企业之一，为消费者创造更大健康价值。

梁允超倡导的"尊重每个人，享受每一天"，成为汤臣倍健核心企业价值观。汤臣倍健追求快乐工作、快乐生活；汤臣倍健提倡"创新无止境"；汤臣倍健尊重个体价值，汇聚团体智慧……"尊重、创新、诚信、快乐、团队"成就汤臣倍健个性鲜明的企业精神。

梁允超的座右铭是"既以为人，己愈有，既以与人，己愈多"，这也是汤臣倍健多年来坚持的公益理念。梁允超对这句话做出自己的解读："给予他人你才能拥有，给予越多，你收获的也越多。"汤臣倍健尊崇生命的平等，希望在环保与公众营养与健康方面承担起更多的社会责任。梁允超认为，帮助别人其本质更是帮助自己，在帮助别人中获得快乐，在帮助别人中成长。

中国的汤臣倍健，也获得了国际的认可，2023年6月，国际权威科学杂志《Nature》特别推出中国营养研究增刊，就汤臣倍健天然抗衰物质筛选与机制研究重大成果PCC1、具有自主知识产权的专利益生菌菌株LPB27、个性化定制维生素概念产品等多个前沿研究成果进行了深入报道，对汤臣倍健"科学营养"战略及初步成效给予了充分肯定。

在国内，汤臣倍健也获得了众多殊荣：2018年9月20日，汤臣倍健营养支教计划项目荣获2018年第三届"CSR中国教育奖"；2019年8月29日，广东省企业联合会、广东省企业家协会联合公布2019广东企业500强榜单，汤臣倍健股份有限公司排名第274；2020年12月，入选"抗击新冠肺炎疫情先进民营企业表扬"名单；2021年6月，汤臣倍健股份有限公司党委被授予"珠海市先进基层党组织"称号……

我们有理由相信梁允超将带领他的汤臣倍健，走向更辉煌的未来。

八、健帆生物成长记

历史前进的步伐，风起云涌，改革开放，让珠海的经济飞速发展的过程中涌现出众多的企业家和富豪，董凡是他们之中很耀眼的明星人物。

董凡的经历并非一两段文字便可概括，1992年毕业于上海财经大学贸易经济专业，中山大学企业管理专业研究生学历，毕业后一直在珠海丽珠医药集团股份有限公司从事营销及管理工作。23岁的董凡毅然放弃了原来的高薪职位，决心创业闯荡，与几个志同道合的伙伴一起组建了健帆生物公司。

创业路远比想象中的困难。起初，健帆生物只是一个小小的生物医疗设备研发团队，陷入了资金困难和市场挑战。局面非常艰难，公司一度处在破产的边缘。

经过几次失败和艰苦奋斗，董凡终于找到了突破口。他们在一次偶然的机会中发现了一家破产的小厂——成立于1989年的丽珠制药集团的全资子公司，至2002年因为一直亏损，丽珠集团决定止损关门。董凡决定带领60人拯救这个濒临破产的小厂，这成为他们改变命运的契机。他们冒着巨大的风险，筹集了资金，收购了这家小厂，并重新整合了资源。

在收购小厂之前，董凡多方调研，看准了血液灌流器技术的市场，满腔热血创业，经过调查后，董凡发现，虽然这尚属新兴技术，但中国却并不落后，甚至部分技术比国外还要先进有优势。这一现实，给董凡打下一针强心剂。

创业初期步履维艰。员工撤资，周转困难。即使这样，董凡认定的方向坚定不移，研发投入从未间断。终于熬到新产品问世，可无人问津，创业5年亏损连连，借钱还债都是家常便饭。随着时间的推移，健帆生物逐渐崭露头角。董凡带领团队不断创新，成功开发出了一系列领先的生物医疗设备，并迅速在市场上占据了一席之地。产品的质量和创新性，使得健帆生物逐渐获得了市场的认可和好评。同时，公司还积极拓展海外市场，迅速站稳了脚跟，并实现了长足的发展。2010年成为健帆生物的转折点，这一年销售额已达一个亿，有1000家医院开始使用健帆生物的血液灌流器；也就是这一年，健帆生物真正成为国内血液净化领域的唯一一个拥有"国家科学技术奖"荣誉的民营企业，彻底填补了中国在血液净化领域的历史空白，并位列"福布斯中国潜力企业百强榜"。

创新不止，脚步不停。一路高歌猛进的健帆生物，创业19年公司市值一度高达600亿元。从剥离资产到医药龙头，他带领的健帆生物自主创新之路坎坷万分，但终究开出胜利之花，更碾压欧美，成为中国骄傲。时至今日，健帆生物已成"中国血灌之王"，雄厚的实力更是在血液灌流领域位于世界前列。

董凡也曾表示财富与地位不是他的终极目标，他办企业就是为了让中国原研原创的好产品走到世界的每个角落，打造享誉国际的民族品牌，为全人类的生命健康事业贡献强劲的中国力量。

荣耀的嘉奖和成功的桂冠纷沓而至，健帆生物曾获"国家科技进步二等奖""国家火炬计划重点高新技术企业""中国技术市场协会金桥奖""国家

▲ 健帆生物集团总部血液净化产业集群

制造业单项冠军示范企业""国家技术创新示范企业",是全国首批、广东省第二家通过医疗器械GMP检查的企业,入选国家产业振兴和技术改造项目、国家重大科技成果转化项目、国家"十二五"科技支撑计划项目、国家揭榜挂帅项目及广东省战略性新兴产业核心技术攻关项目。

人在巅峰,一览众山小的同时会产生突破自我的困惑,董凡深深知道,自己带领的健帆生物,这个医药的龙头股,是冷门行业的王者,业绩大增背后的产品单一是不争的事实;另外,2020年的健帆生物的研发投入不足5%,这与其动辄上亿的销售费用简直天壤之别。怎样开拓新领域和有效投入研发是健帆生物的新课题。

有思想有魄力的创业者董凡,经过了深思熟虑后,未雨绸缪,近两年,健帆生物公司在京津、广深、湖北等地新设市场、科研中心和生产基地与现有的珠海健帆科技园生产基地一起形成华南、华中、华北的产业布局。

未来,健帆将打造独有的血液净化设备、耗材、药品及保险、慢病管理、医疗服务等多位一体的血液净化全产业链,实现集团化、品牌化、多元化发展,为成为"世界一流的高科技医疗技术企业集团"的愿景奠定坚实的基础。我们相信高科技产品、高素质人才、高质量服务叠加会给健帆生物带来新的辉煌。

董凡的成功之路,再次证明创业的道路很难有一帆风顺,需要付出艰辛的努力和顽强的毅力,也需要企业家自己的才智加上团队的集思广益,这些外来的创业者也成为"珠海人"的重要组成部分,如新鲜血液注入了这个城市的活力和希望,也为珠海的经济发展注入了强劲的动力。

珠海市政府、珠海人民也给了董凡相应的褒奖和认可,2010年被珠海市委、市政府评为珠海市劳动模范,同年被珠海市人民政府授予"优秀民营企业家"称号。2011年,当选为珠海市人大代表;2012年,当选为中共广东省党代会代表,同年,被评为"广东省十佳青年""珠海市高层次人才一级";2016年,当选为珠海市工商业联合会第七届执委会主席、市总商会会长,荣获

"广东省优秀中国特色社会主义事业建设者"荣誉称号。2017年,当选为中华全国工商业联合会执行委员、广东省工商业联合会(总商会)第十二届执行委员会副主席、珠海市第九届人大常委会委员,入选"科技部创新人才推进计划科技创新创业人才""广东特支计划"科技创业领军人才,被珠海市政府聘为"珠海市决策咨询委员会顾问"。2017年度和2019年度荣获金牛企业领袖奖,2018年,入选"国家万人计划科技创业领军人才",当选为政协第十二届广东省委员会委员,获评"广东省五一劳动奖章",2019年,荣获卓越企业家奖,2020年,入选"珠海十大英才",2021年,荣登福布斯中国最佳CEO榜,连任珠海市工商业联合会第八届执委会主席、市总商会会长,2022年,当选中华全国工商联常务委员,连任广东省工商业联合会(总商会)第十三届执行委员会副主席、珠海市第十届人大常委会委员。

正是董凡这样高学历、勇求变、敢创新的一批"新珠海人"汇入"珠海人"的大家庭,使得珠海具备了未来可持续发展的三要素:天时、地利、人和。珠海的未来又被历史圈定在高光时段,激流勇进,荣耀可期。

九、珠海高新区"明珠"
——金山软件园

一个常年与文档打交道的人，当然对"金山软件"特别是WPS Office、金山毒霸、金山词霸等特别熟悉，心中的"金山"还停留在北京上地新址和珠海的几幢高楼，而这次前往珠海高新区的珠海金山软件园，颠覆了我之前对所有企业园区的印象。

金山软件园位于珠海高新区唐家湾前环总部基地，该园区总用地面积约7.69万平方米，总建筑面积达9.7万平方米，从2017年一期落成到2022年园区全部竣工，总投资约5亿元，是一个集科技研发、文化创意、信息服务及数字艺术等业态的综合性园区。包括全海景办公楼，以及员工公寓园区建设有千人会议中心、创意交流绿地、创客美食市集、文旅艺术营地等地标。这里不仅是金山员工在珠海办公、研发、生活的家园，而且随着软件园对外开放，它也成了广大珠海市民休闲、娱乐的新选择。

迎着珠海特有的12月的微风，走在碧草如茵的园区绿地之间，异木棉、棕榈树错落有致，灰喜鹊已经不再惧怕行人，飞来飞去乐于自己的歌鸣。人群里有珠海市民、有中山大学的学生，也有慕名而来的游客。一楼的美食城、坐标书店的咖啡厅、二楼的一九八八·金山私膳餐厅、青竹书院酒店，让人们不出园区，就能给自己来一次从物质到精神的"给养"，怡然自得。若不是醒目的"金山软件园"鲜红标志，人们一定忘了这里是举世瞩目的中国互联网业的核心重地，这五个苍劲有力的大字，蕴含着中国IT业几十年来的发展速度。

从香港"金山软件"到珠海"金山电脑"、北京"金山办公"，再到今天珠海的金山软件园，金山系已经走出了"金山云""西山居""金山办公"三大上市公司，"金山"成就了多位这个时代IT江湖的顶流的人物：三十多年前，金山软件在珠海起步，求伯君、雷军等一批中国互联网先行者齐聚珠海，开创行业之先河；现在的金山软件已经成为培养互联网创业者的"黄埔军校"，作为国内第一代互联网公司，金山系后续涌现出吴裔敏、王峰、尚进、冯鑫等业界精英；同时，珠海也是最早成为一座涉及网游创作的城市，因为"西山居"的缘故，许多游戏研发者在这里积聚。

在超大的园林空间行走，遥望园区外直面大海，旁边是绿瓦红砖的中山大学和滨海沙滩，景色美得让人陶醉，在陶醉中思索这样一个问题，环境优美的城市那么多，为什么金山软件对珠海情有独钟？

金山软件选择珠海作为其发展基地，这背后有着深远的战略考量。珠海，作为中国最早开放的经济特区之一，以其开放的政策和优越的地理位置，吸引了金山软件的目光，孕育了无数企业的蓬勃发展。正如金山集团助理总裁周湘君在接受采访时表示："珠海有得天独厚的地理环境和条件，对企业的各项发展都非常有利。我们选择在这里扎根，不仅是因为珠海是经济特区，更是因为这里有着许多开放的政策。"珠海市政府长期以来对金山软件给予了大力支持，包括税收优惠、人才补贴和子女教育等各方面的政策扶持。这些政策不仅促进了金山软件的快速发展，也为珠海吸引了大量优秀人才。

另外，金山软件与珠海及周边高校保持着紧密合作，每年金山都会走进高校举办校园招聘和讲座，吸引优秀毕业生加入公司。同时，金山还设立了实习训练营，帮助学生更快地适应工作环境。

金山软件落户珠海，作为这片热土上的璀璨明珠，不仅见证了珠海IT业的成长，更以其创新精神和卓越成就，为珠海的科技创新和经济发展注入了新的活力。

在金山软件不断发展的进程中，珠海也在昂首阔步前进。随着粤港澳大湾区的规划深入、港珠澳大桥建成后，珠海将成为唯一与港澳陆桥相连的城市，也是港澳辐射粤西和大西南的重要通道。珠海交通体系健全，海港有亿吨深水良港，空港有大型航空枢纽珠海机场，大型桥梁有港珠澳大桥、深中通道，轨道交通有广珠铁路、广珠城轨、广佛江珠城轨。交通路网的畅通使往日的"宜居之城"珠海迎来了崭新的发展机遇。特别是在粤港澳大湾区"9+2"城市群布局中，珠海成为连接港澳与内陆地区的枢纽，其未来发展充满想象。

金山软件的领军人物雷军曾在一次致辞中讲道："近年来，互联网行业的发展趋势已经开始从'创造商业价值'向'创造社会价值'转变。在金山软件创办三十五周年之际，集团愈发重视所肩负的企业社会责任。"

回溯金山系发展史，从1988年，"中国第一程序员"求伯君独自一人敲出十万余行代码，完成了WPS 1.0的开发，填补了中国计算机中文字处理软件的应用空白，金山时代就此拉开帷幕，经历了软件时代、互联网时代、移动和智能时代三个阶段，一步步走到现在。金山软件自成立以来，一直致力于自主研发和技术创新，其中最负盛名的产品当属WPS办公软件。WPS自创立以来，一直是民族软件的旗帜，历经36年的研发和迭代，始终保持着强劲的竞争力。

金山软件园也积极与社区交融，打造互联网文化地标和研学目的地，为身边市民提供丰富的文化体验。这不仅提升了园区的社区氛围，也增强了企业的社会责任感。参观完金山软件园，迷恋其优美的自然环境，感慨其传奇色彩的创业历程，同时为其社会责任的担当而心生敬意。

回望金山软件企业文化宣传中的"技术立业，服务社会""志存高远，脚踏实地"，金山人这样注解：志存高远，就是不管我们今天有多差，只要心中有梦想就有机会；脚踏实地，就是要忘我们曾经有多辉煌，从零开始，重刷Rom。

相信金山软件一定会"以创新为营，以笃行为路"，携手美丽珠海共同绘就可持续发展的新蓝图。

后记

以迤逦磅礴的岭南为背景，以白浪滔天的南海之声为合音，《漫说珠海：人》的创作，从千头万绪无从下手，到沉下心与每一位人物依次进行穿越时空的对话，而今已经看到一个个鲜活的面容跃然纸上，这是一个辛苦、煎熬，又幸福、兴奋的过程。

一支笔，由古及今写下来，回望处，从宝镜湾岩画粗粝的线条所描绘的"珠海人"的先祖，到伶仃洋文天祥的千古绝唱；从容闳披荆斩棘走出那条融汇东西的留学生之路到中华人民共和国成立后的百业待兴时人才济济地涌出历史的海洋；从春天的故事里动人的旋律到"大湾区"经济圈齐奏嘹亮的号角，落笔处蘸着满怀豪情，起笔时又几多意犹未尽。

我们常说"以史为镜，可以知兴替；以人为镜，可以明得失"，所以在创作中作者深知"尊重历史、还原人物本真"对于这本书的写作尤为重要，特别是那些有着广泛影响的历史人物，正史、野史、坊间传说对某一事件各执一词的情况下，我们选择遵从权威专家对其"盖棺定论"的评判，因为我们写作《漫说珠海：人》的目的只是呈现一个叫作珠海的城市，曾经出现过这些人，而不是去杜撰和虚构，哪怕那样做可能会让故事更博人眼球，我们要的是最大限度地接近历史和人物的真相。

在创作过程中，我们多次被跌宕起伏的历史所震撼、触动而心潮澎湃；多次为有名的、无名的"珠海人"的命运牵动情愫，喜人物所喜，悲人物所悲，都说人生都是一场"现场直播"无机会来修改，无岁月可回头，但我们有幸在大量史料、文献、传奇、故事中，对这些人的万千人生瞬间进行着筛选、糅合、串联，进而完成了一次一往情深的人生回放，并且把这些回放安置于生他们养他们的故地——珠海，让这世界上越来越多的人走过来，依次翻开这些回放的历史和人物，这亦是创作《漫说珠海：人》的初衷和意义所在。

历时近八个月的创作，也是"漫说珠海"文旅丛书创作组成员在以工作群为载体的"大家庭"生活的八个月，各位领导、各位老师、各位作者之间的交流，处处体现着文化的气息、文化人的坦荡与谦和，一个作者的问题会得到不同方向的回响，大家都做到了"知无不言，言无不尽"，特别是本丛书主编丘树宏先生对《漫说珠海：人》及各分册都给予了高度关心，既提醒着行文速度又监督着文字品质，还多次为大家提供写作资料、素材，特别感谢这位德高望重的主编先生的指导和教诲！还要感谢珠海市博物馆的杨长征老师不辞辛苦数次送来特别有参考价值的一手资料，辛苦积攒多年，一朝无偿倾献，赏其才华，敬其格局！

既有现实意义又有文学价值的"漫说珠海"文旅丛书就要面世了，作为分册的作者满怀欣喜和忐忑期待着广大读者的回声和共鸣，篇幅有限，参考资料部分公示于附录，恐有遗漏之不周，还望各位方家海涵，在此祝愿《漫说珠海》出版顺利！把一个更高、更远、更丰饶的珠海呈现给大家！把历史的天空上挥之不去的杰出的、伟大的、平凡的、普通的珠海人呈现给大家！

伯牙之琴就此止音，静候高山流水。是为记。

钟建平　韩春艳
2024年7月2日于珠海泰坦软件园

参考文献

[1] 卢嘉诺. 关闸以北：远去的北山岭[M]. 澳门. 2021.

[2] 容闳. 西学东渐记[M]. 恽铁樵，徐凤石译. 珠海：珠海出版社，2006.

[3] 吴文莱. 容闳与中国近代化[M]. 珠海：珠海出版社，1999.

[4] 陈汉才. 容闳评传[M]. 广州：广东高等教育出版社，2008.

[5] 容闳. 我在中国和美国的生活[M]. 恽铁樵，徐凤石译. 北京：团结出版社，2005.

[6] 刘中国，黄晓东. 容闳传[M]. 珠海：珠海出版社，2003年.

[7] 吴义雄，恽文捷. 美国所藏容闳文献初编[M]. 北京：社会科学文献出版社，2015.

[8] 古元纪念文集编辑委员会. 古元纪念文集[M]. 北京：人民美术出版社，1998.

[9] 张晓辉，苏苑. 中华民国第一任内阁总理：唐绍仪[M]. 珠海：珠海出版社，2006.

[10] 张晓辉，苏苑. 唐绍仪传[M]. 珠海：珠海出版社，2004.

[11] 唐涤生. 唐涤生作品选集[M]. 赖宇翔，选编. 珠海：珠海出版社，2007.

[12] 曾绅. 陈芳传奇：一个华商家族的百年神话[M]. 北京：中国国际广播出版社，2000.

[13] 王杰，宾睦新. 中国近代民族工业先驱唐廷枢[M]. 广州：广东人民出版社，2021.

[14] 李良明，张运洪，申富强. 韦卓民年谱[M]. 武汉：华中师范大学出版社，2010.

[15] 卢权，禤倩红. 中国工人运动的先驱：林伟民[M]. 珠海：珠海出版社，2008.

[16] 卢权，禤倩红. 苏兆征传[M]. 上海：上海人民出版社，1986.

[17] 杨匏安文集编辑组. 杨匏安文集[M]. 广州：广东人民出版社，1986.

[18] 陈善光. 杨匏安传[M]. 珠海：珠海出版社，2006.

[19] 何志毅. 中国第一个荣膺世界冠军的人：容国团[M]. 珠海：珠海出版社，2006.

[20] 何志毅，梁潜. 人生能有几次搏：容国团生平纪实[M]. 广州：广东人民出版社，1998.

[21] 徐润. 上海杂记[M]. 珠海：珠海出版社，2006.

[22] 中共珠海市委党史研究室. 珠海红色三杰[M]. 北京：中共党史出版社，2018.

[23] 珠海市地方志办公室. 珠海市人物志[M]. 广州：广东人民出版社，1993.

[24] 珠海市政协编. 珠海人物传：上下册[M]. 广州：广东人民出版社，1992.

[25] 珠海市香洲区社会科学界联合会. 珠海历史名人[M]. 珠海：珠海出版社，2007.

[26] 珠海市香洲区委宣传部. 公忠颂[M]. 2023.

[27] 陈义. 珠海之最[M]. 珠海：珠海出版社，2013.

[28] 珠海市香洲区档案局编. 香洲村落[M]. 2018.

[29] 珠海市香洲区文学艺术界联合会等. 香山[J]. 总第8期.

[30] 徐星平. 苏曼殊传[M]. 北京：中国青年出版社，2014.

[31] 萨沙. 民国往事[M]. 北京：联合出版公司，2015.

[32] 唐德刚. 从晚清到民国[M]. 北京：中国文史出版社，2015.

[33] 何虎生. 孙中山传[M]. 北京：工人出版社，2016.

[34] 刘继兴. 民国大腕[M]. 北京：中国友谊出版公司，2010.

[35] 彼得·扎罗，张家钟. 何震与中国无政府女权主义[J]. 黄淮学刊，1989.

[36] 杨长征. 三灶一九三八[M]. 澳门：经纬出版社，2022.

[37] 杨长征. 香洲史话[M]. 澳门：经纬出版社，2022.

[38] 杨长征. 天海石桥静[M]. 澳门：经纬出版社，2022.

[39] 珠海市香洲区革命老区发展史编委会. 珠海市香洲区革命老区发展史[M]. 广州：广东人民出版社，2021.

[40] 黄轶. 苏曼殊研究[M]. 吉林：吉林人民出版社，2022.

[41] 李世源. 品评珠海：人物篇[M]. 北京：中国言实出版社，2014.